AF404424

Andreas Herteux

Value Capitalism - Wertekapitalismus

English – Deutsch – Français – Español - Português - Italiano

Inhalt

Preface to the 2nd edition

„Herteux's approach is extremely interesting, intelligent, and pragmatic. The basic idea of beating capitalism from within with its own weapons is clever, innovative, and also seems feasible, if it can develop the appropriate backing.

It is, however, a bit of a pity that the short paper only sketches the main features of the idea and it is to be hoped that Andreas Herteux will elaborate on the concept. However, the short paper is more than suitable and recommended as a first basis for discussion."[1]

A new idea can always expect criticism. It must even challenge the debate and be comprehensively examined for its suitability. So it shall also happen with the model of value capitalism, perhaps an idea for a better world, which will be presented to the reader in a short version in the following.

Discuss it, pick out the best for yourself to generate something better, discard it all if you don't like it.

Andreas Herteux

---

[1]   International   Business   Times,   26.05.2021: https://www.ibtimes.sg/value-capitalism-new-idea-salvation-world-economy-57695

Vorwort zur 2. Auflage

„Der Ansatz von Herteux ist äußerst interessant, intelligent und pragmatisch. Der Grundgedanke, den Kapitalismus von innen heraus mit seinen eigenen Waffen zu schlagen, ist klug, innovativ und scheint auch realisierbar, wenn er den entsprechenden Biss entwickeln kann.

Es ist allerdings etwas schade, dass das Kurzpapier nur die Grundzüge der Idee skizziert und es ist zu hoffen, dass Andreas Herteux das Konzept weiter ausarbeitet. Als erste Diskussionsgrundlage ist das Kurzpapier jedoch mehr als geeignet und empfehlenswert."[2]

Eine neue Idee kann immer auch mit Kritik rechnen. Sie muss die Debatte sogar fordern und umfassend auf ihre Tauglichkeit überprüft werden. So soll es auch beim Modell des Wertekapitalismus, vielleicht eine Idee für eine besser Welt, geschehen, das dem Leser in der Folge in einer kurzen Version vorgestellt werden wird.

Diskutieren Sie darüber, greifen Sie sich selbst das Beste heraus, um etwas Besseres zu generieren, verwerfen Sie alles, wenn es Ihnen nicht gefällt.

Andreas Herteux

---

[2] International Business Times vom 26.05.2021: https://www.ibtimes.sg/value-capitalism-new-idea-salvation-world-economy-57695

Value Capitalism

A pragmatic concept for restructuring the global economy for the benefit of all people

- The negative effects of capitalism can be redirected to the benefit of all

- This becomes possible through the implementation of values as a production factor

- A value capitalism [a value market economy] is emerging.

- This can be implemented practically via a value guardian

Introduction

For many years, there have been various considerations about global economic development. This is characterized by a capitalist economic system whose weaknesses[3] are often criticized, but which, on the one hand, appears to have no alternative[4] because of its firm roots[5]

---

[3] For example, the accumulation of capital and power or the participation in the emergence of inequality.

[4] For example, free-market reforms in China from the late 1970s onward led to a massive decline in poverty. At the end of 2020, the last counties were removed from the national poverty list. Although reports from the national news agency Xinhua must be handled with caution, the country's economic development is unmistakable despite everything.
 Quelle: http://www.xinhuanet.com/english/2020-11/24/c_139538338.htm

[5] This rootedness is occasionally ignored by critics of capitalism, who instead suggest that an attempt to "abolish" it - however propagated - would fail because of a small minority. In fact, however, the entrenchment is far deeper than is often claimed, would meet with massive resistance, and also fails to find majorities, as is shown concretely in election results, which most clearly reflect the will of the people, on the one hand, but also in polls, on the other:
https://de.statista.com/statistik/daten/studie/70793/umfrage/meinung-zum-kapitalismus-in-ausgewaehlten-laendern/

and, on the other hand, also because of its successes. Nevertheless, many an unattractive plant grows from the seed of capitalism, which also tends to proliferate wildly. Undoubtedly, some states are trying to counteract this, for example by steering classical production capitalism into more manageable paths with the help of appropriate legislation, [6]but these means already seem to fail in the case of financial capitalism, which only entered the public consciousness again with the financial crisis[7], and there is as yet no recipe for the increasingly strong

------

However, as the linked survey also shows, this does not mean that there is no willingness to reform.

[6] Typical products of such interventions would be, for example, the social market economy, the welfare state per se, but also the "night watchman state" is already a necessary act of state action.

[7] This refers to the banking and financial crisis as part of the global economic crisis starting in 2007 and its consequences. Basically, the causes and consequences have not yet been resolved, even if the media focus has turned its back on the issue.

behavioral capitalism[8]. Contrary to many claims, capitalism is - still not - perishing, but it is shifting [9]and new branches are outgrowing the main trunk,[10] taking on an

---

[8] Behavioral capitalism refers to a variety of capitalism in which human behavior becomes the central factor in the production and provision of goods and services.
Definition according to:
Herteux, Andreas. (2020). Grundlagen gesellschaftlicher Entwicklungen im 21. Jahrhundert - Neue Erklärungsansätze zum Verständnis eines komplexen Zeitalters, Erich von Werner Verlag, Karbach, 4. Auflage, DOI 10.5281/zenodo.3932355, ISBN 978-3-948621-16-2 At this point, it should also be noted that behavioral capitalism has once again gained significant power during the Corona pandemic, i.e. large behavioral capitalists are direct beneficiaries of the crisis. However, Covid-19 is not the cause of this, but it is definitely an accelerant.

[9] A loss of competitiveness in Europe, as is to be expected for the next few years, is not a failure of capitalism, but simply a creeping defeat in free-market competition, because a parallel positive development in Asia, especially in China, is already foreseeable. The future ranking of world regions will therefore also be China, USA and India/EU.

[10] An example would be the behavioral capitalism already mentioned here cf. also
Herteux, Andreas. (2019). First Foundations of Behavioral Capitalism: A New Variety of Capitalism Gains Power and Influence. Zenodo. http://doi.org/10.5281/zenodo.3469568, ISBN

ever greater influence. The possibilities of state or institutional[11] intervention therefore seem to have either reached a limit or the adaptation to a dynamic time driven by the changing times [12]is simply too slow, because they can act far less actively than the economy.

---

[11] E.g., by central banks or institutions such as the European Union.

[12] A change of times is understood as a temporal period in which its individual elements dynamically influence each other in such a way that they can bring about a reordering of the previous (global) balance of power.
These elements are:
- Dealing with technological progress (e.g. digitalization, behavioral capitalism, homo stimulus, biotechnology, AI, human optimization),
- Rise of new competitors in world markets (e.g. Asian countries),
- Weakness of the Western world (e.g., due to instability, dwindling confidence in existing orders, loss of competitiveness, or the political rise of China),
- Change in environmental conditions (e.g., due to climate change, pandemics, resource depletion, or environmental degradation),
- Lack of prospects among a portion of humanity (e.g., due to overpopulation or unmet basic and security needs).

Some critics may now insist on the abolition of the capitalist system as a solution, despite the general experience with socialist realizations, and yet this is simply an illusion with the existing anchoring, which is presented in cosy and convivial salon rounds, but apparently can never be successfully implemented. On the one hand, for lack of realistic alternatives, on the other hand, because the broad range of interests would never allow such a thing. But this does not mean that pragmatic reforms are not necessary and possible. The [13]way to fight the negative developments of capitalism is therefore not to be seen in unrealistic utopias or in the hope of a zero point, but in beating the free market economy with its own means.

Why not redirect the elemental force and power of capitalism, like a raging torrent? Why not transform the destructive flood that takes everything with it into a

---

[13] Especially in difficult times, characterized by the change of times, lurching from crisis to crisis, the awareness and receptiveness for thoughts of change, should be particularly high.

beneficial water that provides fertile soil? Nothing less is at stake in the idea of value capitalism. An idea that wants to correct, rein in and redirect the free economy for the benefit of all people.

Basic Ideas

Value capitalism is based on the idea that values can occupy such a position in economic life that successful economic activity is made significantly more difficult without them. Or, to put it more simply, values should become an indispensable factor of production. At [14]first glance, this may sound like utopia, but the statements will be made more precise in the following pages. It should be noted at the outset that value capitalism could develop in various forms in reality, which must also vary according to the situation. It is a pragmatic, adaptable idea and not an ideological, rigid construct in which only a pure form could theoretically work.

---

[14] Rough: A factor of production is an element required for the production of tangible or intangible goods.

At this point, a distinction must also be made between a basic and an extended definition of value capitalism. The first describes the requirements of a value-based market economy. The second describes the concrete manifestation, i.e. a way how such an economic system can be installed in the current situation with the current and future challenges. However, it remains fundamental for the reader to know that other real implications would also be conceivable.

Basic Definition

> **Value capitalism [the value market economy] is an economic system in which values become a factor of production.**

Values thus complement the economic production factors of labor, land, capital and behavior and represent a basis for successful economic activity. Without this production factor, profit maximization becomes more difficult. It is important to understand that values in this model are not an imposed foreign factor that would not play a role in the "normal" framework of "natural" capitalism, but they become an elementary part of the production process: [15]

> **Values - in the sense of value capitalism - are defined rights, standards and duties in the legal sense.**
>
> **Objective norms are used, often worked out over decades, which can be formed and extended through constant discourse.**

For companies, therefore, standards are coming into focus such as:

- Fair remuneration
- Operational co-determination
- Positive working conditions
- Fundamental   employee rights
- Environmental Awareness
- Duties of care for the employee

---

[15] Therefore, there is no state or other external intervention, but values become part of the DNA of capitalism.

- Transparency obligations

For example, states should be encouraged by value capitalism to adhere to the following values and commitments:

- Safeguarding personal rights, such as:
    - Right to life
    - Right to physical integrity
    - Prohibition of torture
- Guarantee of liberty rights, such as:
    - Right to freedom
    - Right to property
    - Right to safety
    - General freedom of action
    - No state interference in privacy
    - Freedom of expression
    - Freedom of thought, conscience and religion
    - Freedom of travel
    - Freedom of assembly
    - Freedom of Information
    - Democratic participation

- o Data autonomy
- Securing judicial rights
- Protection of nature and livelihoods
- Ensuring a social, economic and societal infra-structure

The list is not exhaustive, and the inclusion of other standards such as environmental protection would also be conceivable.[16]Each "value" can therefore be clearly defined, tracked and legally formulated as a contractual clause. This is also the basic requirement. Why this is relevant will be shown in the following.

Extended Definition

The extended definition of value capitalism, which includes the basic one and at the same time outlines its functions, is to be carried out as follows:

---

[16] However, "measurability" remains relevant. Values of the zeitgeist or fashion trends are not. Value capitalism is the completely wrong level for their enforcement, because it is not a means of the milieu struggle, or of the vague, but of the concrete.

- Value capitalism [the value market economy] is an economic system in which values become a factor of production.
- It is an evolution and a corrective of the capitalist system and is based on utility maximization through value-based action.
- It uses market mechanisms.
- The goal is global peace, freedom and prosperity.
- He is transforming capitalism by democratizing key industries of the future and then adapting them to the market situation on a market-based, value-driven basis.
- It does not exert coercion on market participants, but redirects their desire for profit and utility maximization in such a way that the desired optimum can best be approached when this is value-based and for the benefit of all.

This description may sound abstract at first glance, but it is to be crystallized more clearly in a possible form of implementation, which, however, does not claim absoluteness for itself.

Practical implementation

The introduction of value capitalism is conceivable in various ways. A pragmatic variant adapted to realities will be presented here. It could rein in capitalism and steer it in new directions, but it is only one possibility **(corrective function).** For this it is on the one hand necessary to [17]set up a value fund **(value guardian)**, [18]by liberal-democratic-ordered states, on the other hand with this central technological fields, to occupy, i.e. to invest into these[19] and to let the consequences of the new market power radiate on all further ranges of the economic life **(fire function).** But what is the guardian of values?

---

[17] The liberal democratic order is a basic prerequisite for participation. How could value capitalism also want to implement values credibly if the participating states show deficits at this point?

[18] One example of such a fund is the Norwegian sovereign wealth fund.

[19] Here, a small percentage in the single-digit range of the GNP would be conceivable.

> **The value fund (value guardian) is a democratically-legitimized, politically independent institution owned by the citizens, which on the one hand tries to take a dominant role in the field of key technological industries and on the other hand strives to implement values - in the sense of value capitalism - via contractual constructs.**
>
> **The value fund is at the same time a regular market participant and is subject to the laws of the market.**

The fields to be filled are: [20]

- Modern information technology
- Robotics and CNC machines
- Aerospace Systems
- Sea technology systems and high-tech ships
- Advanced rail transport systems

---

[20] Attentive observers will see here a parallel - hardly surprising - to "Made in China 2025" or the strategies of the large technology groups. What other fields should also be occupied in order to be able to exert a corresponding influence?

- Energy-saving cars and cars with alternative drive technology
- Energy Systems
- Agricultural machinery
- New materials
- Biomedicine and medical devices

The value guardian, capitalized by the free democratic participating states, is now trying to gain strong shares in these markets and is active on the market **(market function)**.[21] Accordingly, the fund, which is organized like a stock corporation, with the member states holding the non-tradable shares and the supervisory board being

---

[21] At the same time, its core operations are no different from those of a large technology group. Here, for example, we should remember Alphabet Inc. which is probably better known to the general public as Google. Google itself was only founded in 1997, but it now occupies an almost market-dominating position in Western countries. If this can be achieved by a private company "out of nothing" in a very short time, how much faster, bigger and stronger would an independent and democratically legitimized institution be that would be capitalized by the states many times over?

democratically legitimized, makes [22]targeted investments in corresponding resources **(investment function).**[23] The resulting technological research and development products[24] are offered as licenses **(licensing function).**[25] Values are implemented as a production factor via these contracts **(implementation function),** because licensing is not possible without acceptance of the corresponding contract clause. Companies or even states will therefore accept the value

---

[22] The guardian of values is democratically legitimized, but not a state institution. Even the members of the Supervisory Board are ideally not determined by the member states, but elected by the peoples. The Fund's Board therefore acts in an entrepreneurial and independent manner. In terms of its basic understanding, the guardian of values is a dynamic group, acts as such, and needs maximum expertise in the strategic and operational areas, which it obtains through the market.

[23] The value guardian acts like a company here and also strives for strong cooperation with state institutions such as universities.

[24] The term covers technologies in the above-mentioned fields. However, the actual product development is then left to the market.

[25] Ultimately, this is business practice as usual. Only the licensor is now a different one.

clauses out of self-interest, because otherwise profit maximization would be endangered.

The value guardian therefore does not impose anything on any state or company, but offers new opportunities for profit maximization. It is therefore an incentive system which, by creating a new factor of production, curbs capitalism to a large extent.

The licensing companies operate normally in the market and are subject to competition, as is the value fund itself. By relying on modern technologies and licenses, they have a competitive advantage over value deniers. However, it tends to be unlikely that such advantages will exist permanently; the companies will continue to behave selfishly, i.e. economically, and will want to bring about maximum benefit for themselves. Now the success factors have changed, because now profit maximization is most easily achieved by adhering to values (e.g. working conditions, wages, co-determination).

Values thus become a factor of production like labor, land, capital and behavior. Therefore, companies will adapt voluntarily. Not for moral reasons, but for calculation. Greed thus creates the good. They do not act out of conviction, but out of self-interest. The forces of the market are thus steered in a positive direction. The invisible hand of education works, without any coercion and without any regimentation.

Nations should be seen in an analogous light, because there is now a real incentive to strive for massive reforms in the direction of a liberal **democratic** order **(democratization function),** because otherwise embargoes on certain technology patents are conceivable. [26]

With this business, the value guardian in turn collects funds, which it reinvests on the one hand and distributes to the donor countries on the other **(financing function).** The accumulated profits now serve the general public and open up manifold possibilities for financing the state

---

[26] Such states should, of course, be brought closer to a state in the long term so that they themselves become participants in the guardian of values. To abandon them would mean to strengthen the influence of authoritarian states. However, value capitalism is not an ideological but a pragmatic concept, and therefore, depending on the stage of development, there will be a variety of programs to bring the respective state closer step by step.

system. Many elements that previously failed to be financed now become possible. [27]

In this context, the guardian of values is obliged to provide maximum transparency and is democratically legitimized **(transparency function and** co-determination **function).**

What the whole thing will cost the people? Nothing, because practical value capitalism is oriented toward states and companies **(laissez-faire function).** It touches neither culture nor identity, knows no coercion, demands no abolition of nations or takes away possibilities of democratic co-determination. In contrast to other ideas, it simply does not focus on people. [28]

---

[27] Practically everything from environmental protection issues to safeguarding the social system can be listed here. The welfare state would not only be saved, but could even be expanded. However, the use of funds is not a matter for the guardian of values, but for the states. In fact, the accumulation of capital thus takes place partly in the coffers of the general public and no longer in the private sphere. The fundamental capitalist principle does not change, but does it have to if it has been diverted accordingly?

[28] A statement that should be underlined several times with this remark: Man is not an object of education or even

That, then, is the basic idea. In the best case, therefore, we have a prosperous and better earth in which prosperity, freedom and peace prevail. In the worst case, a counterweight to the future power of authoritarian systems will emerge to match it. Power over technology is taken out of the hands of corporations and autocracies and placed in those of the people **(protective function).** It is democratized, capitalism is restrained.

Conclusion

The transformation of capitalism with the help of the production factor values to a value market economy could solve urgent problems of the economic system and furthermore contribute to freedom, prosperity and peace. The practical implementation via a value guardian can be discussed in this context.

---

manipulation in value capitalism. Rather, it starts with the market forces.

Wertekapitalismus

Ein pragmatisches Konzept zum Umbau der globalen Ökonomie zum Wohle aller Menschen

- Die negativen Auswirkungen des Kapitalismus können zum Wohle aller umgeleitet werden
- Dieses wird über die Implementierung von Werten als Produktionsfaktor möglich
- Es entsteht ein Wertekapitalismus [eine Wertemarktwirtschaft]
- Dieser ist praktisch über einen Wertehüter umsetzbar

Einführung

Seit vielen Jahren gibt es mannigfaltige Überlegungen zur globalen ökonomischen Entwicklung. Geprägt wird diese von einem kapitalistischen Wirtschaftssystem, dessen Schwächen[29] vielfach unter Kritik steht, aber einerseits aufgrund seiner festen Verwurzlung[30] aber andererseits auch wegen seiner Erfolge,[31] alternativlos erscheint.

---

[29] Beispielsweise die Akkumulation von Kapital und Macht oder das Mitwirken am Entstehen von Ungleichheit.

[30] Diese Verwurzelung wird von gelegentlich von Kritikern des Kapitalismus ignoriert und stattdessen suggeriert, dass ein – wie auch immer propagierter - Versuch der „Abschaffung" an einer kleinen Minderheit scheitern würde. Tatsächlich ist die Verankerung aber weitaus tiefgehender als häufig behauptet, würde auf massiven Widerstand treffen und findet auch keine Mehrheiten, was sich einerseits konkret in Wahlergebnissen, die am deutlichsten den Volkswillen abbilden, aber andererseits auch in Umfragen zeigt:
https://de.statista.com/statistik/daten/studie/70793/umfrage/meinung-zum-kapitalismus-in-ausgewaehlten-laendern/
Das wiederum bedeutet aber nicht, wie auch die verlinkte Umfrage zeigt, dass keine Reformbereitschaft vorhanden wäre.

[31] Beispielsweise führten die marktwirtschaftlichen Reformen in China ab Ende der 70er Jahre zu einem massiven Rückgang der Armut. Ende des Jahres 2020 wurden die letzten Bezirke von der nationalen Armutsliste gestrichen. Zwar ist mit Meldungen der nationalen Nachrichtenagentur Xinhua vorsichtig umzugehen, allerdings ist die wirtschaftliche Entwicklung des Landes trotz allem unübersehbar.

Trotzdem erwächst aus der Saat des Kapitalismus auch manch unschöne Pflanze, die zudem zur wilden Wucherung neigt. Zweifellos versuchen manche Staaten dem entgegenzuwirken, wenn sie z.B. den klassischen Produktionskapitalismus mit Hilfe einer entsprechenden Gesetzgebung in übersichtlichere Bahnen lenken,[32] doch bereits beim Finanzkapitalismus, der in das Bewusstsein der Allgemeinheit erst wieder mit der Finanzkrise[33] drang, scheinen diese Mittel zu versagen und für den immer stärker werdenden Verhaltenskapitalismus[34] fehlt

---

Quelle: http://www.xinhuanet.com/english/2020-11/24/c_139538338.htm

[32] Typische Produkte solcher Eingriffe wären z.B. die soziale Marktwirtschaft, der Sozialstaat an sich, aber auch der „Nachtwächterstaat" ist bereits ein notwendiger Akt staatlichen Handels.

[33] Gemeint ist die Banken- und Finanzkrise als Teil der Weltwirtschaftskrise ab dem Jahr 2007 und deren Folgen. Im Grunde genommen sind Ursachen und Folgen bislang nicht behoben, auch, wenn der mediale Fokus der Thematik den Rücken gekehrt hat.

[34] Unter Verhaltenskapitalismus versteht man eine Spielart des Kapitalismus, in der menschliches Verhalten zum

bislang jedes Rezept. In Gegensatz zu vielen Behauptungen geht der Kapitalismus – immer noch nicht - unter, sondern er verlagert sich[35] und neue Zweige entwachsen dem Hauptstamm,[36] die einen immer größeren Einfluss

---

zentralen Faktor für die Produktion und Bereitstellung von Gütern und Dienstleistungen wird.
Definition nach:
Herteux, Andreas. (2020). Grundlagen gesellschaftlicher Entwicklungen im 21. Jahrhundert - Neue Erklärungsansätze zum Verständnis eines komplexen Zeitalters, Erich von Werner Verlag, Karbach, 4. Auflage, DOI 10.5281/zenodo.3932355, ISBN 978-3-948621-16-2
An dieser Stelle soll auch der Hinweis erfolgen, dass der Verhaltenskapitalismus während der Corona-Pandemie noch einmal deutlich an Macht gewonnen hat, d.h. große Verhaltenskapitalisten sind direkte Profiteure der Krise. Dafür ist Covid-19 allerdings nicht ursächlich, aber definitiv Brandbeschleuniger.

[35] Ein Verlust der Wettbewerbsfähigkeit in Europa, wie sie für die nächsten Jahre zu erwarten ist, ist kein Versagen des Kapitalismus, sondern schlicht eine schleichende Niederlage im marktwirtschaftlichen Wettbewerb, denn parallel ist eine positive Entwicklung im asiatischen, im Besondern in China, bereits absehbar. Die künftige Rangliste der Weltregionen wird daher auch China, USA und Indien/EU lauten.

[36] Ein Beispiel wäre der hier bereits genannte Verhaltenskapitalismus vgl. auch

nehmen. Die Möglichkeiten der staatlichen oder institu-tionellen[37] Eingriffe scheinen daher entweder an eine Grenze gekommen zu sein oder die Anpassung an eine dynamische Zeit, die durch den Zeitenwandel getrieben wird,[38] erfolgt schlicht zu langsam, weil sie weitaus weniger aktiv agieren können als die Ökonomie.

Herteux, Andreas (2019), Erste Grundlagen des Verhaltenskapitalismus: Bestandsaufnahme einer neuen Spielart des Kapitalismus, Andreas Herteux, Erich von Werner Verlag, 11. Auflage, DOI 10.5281/zenodo.3469586, ISBN 9783981900651

[37] Z.B. durch die Zentralbanken oder Einrichtungen wie die Europäische Union.

[38] Unter einem Zeitenwandel versteht man einen zeitlichen Abschnitt, in dem sich dessen einzelne Elemente auf eine solche Art und Weise dynamisch gegen-seitig beeinflussen, dass diese eine Neuordnung der bisherigen (globalen) Machtverhältnisse bewirken können.
Diese Elemente sind:
- Umgang mit dem technologischen Fortschritt (z. B. Digitalisierung, Verhaltenskapitalismus, Homo stimulus, Biotechnologie, KI, Optimierung des Menschen),
- Aufstieg neuer Konkurrenten auf den Welt-märkten (z. B. asiatische Staaten),
- Schwäche der westlichen Welt (z. B. durch Instabilität, schwindendes Vertrauen in bestehende

Manch Kritiker mag nun, trotz der allgemeinen Erfahrungen mit sozialistischen Realumsetzungen, auf die Abschaffung des kapitalistischen Systems als Lösung pochen und doch ist dieses bei der vorhandenen Verankerung schlicht eine Illusion, die zwar in trauter und geselliger Salonrunde präsentiert, aber augenscheinlich niemals erfolgreich umgesetzt werden kann. Einerseits aus Mangel an realistischen Alternativen, andererseits, weil die breite Interessenlage derartiges niemals zulassen würde. Das bedeutet aber nicht, dass nicht pragmatische Reformen notwendig und möglich sind.[39] Der Weg die negativen Entwicklungen des Kapitalismus zu

Ordnungen, Verlust von Wettbewerbsfähigkeit oder durch den politischen Aufstieg Chinas),
- Veränderung der Umweltbedingungen (z. B. durch Klimawandel, Pandemien, Ressourcenausbeutung oder Umweltzerstörung),
- Fehlen von Perspektiven bei einem Teil der Menschheit (z. B. durch Überbevölkerung oder unbefriedigte Grund- und Sicherheitsbedürfnisse).

[39] Gerade in schwierigen, durch den Zeitenwandel geprägten, Zeiten, die von Krise zu Krise taumeln, dürfte das Bewusstsein und die Aufnahmebereitschaft für Gedanken der Veränderungen, besonders hoch sein.

bekämpfen, ist daher nicht in wirklichkeitsfremden Utopien oder in der Hoffnung auf einen Nullpunkt zu sehen, sondern darin, die freie Marktwirtschaft mit ihren eigenen Mittel zu schlagen.

Warum nicht die Urgewalt und die Kraft des Kapitalismus, einem reißenden Strom gleich, umleiten? Warum nicht die vernichtende Flut, die alles mit sich nimmt, in ein segensreiches Wasser verwandeln, das für fruchtbare Böden sorgt? Um nichts weniger geht es bei der Idee des Wertekapitalismus. Eine Idee, die das freie Wirtschaften korrigieren, zügeln und zum Wohle aller Menschen umleiten möchte.

Grundgedanken

Dem Wertekapitalismus liegt die Idee zu Grunde, dass Werte im ökonomischen Leben eine solche Stellung einnehmen können, dass erfolgreiches Wirtschaften ohne sie deutlich erschwert wird. Oder einfacher ausgedrückt, sollen Werte zu einem unverzichtbaren

Produktionsfaktor werden. [40] Das mag auf den ersten Blick wie eine Utopie klingen und doch sollen die Aussagen auf den kommenden Seiten präzisiert werden. Vorab sei angemerkt, dass der Wertekapitalismus sich in der Realität in verschiedenen Ausprägungen entwickeln könnte, die zudem situationsbedingt variieren müssen. Es handelt sich um eine pragmatische, anpassungsfähige Idee und nicht um ein ideologisches, starres Konstrukt, bei dem nur eine Reinform theoretisch funktionieren könnte.

Es ist an dieser Stelle auch zwischen einer grundsätzlichen und erweiterten Definition des Wertekapitalismus zu unterscheiden. Erste beschreibt die Anforderungen an eine wertbasierte Marktwirtschaft. Zweite die konkrete Ausprägung, d.h. es wird ein Weg beschrieben, wie in der aktuellen Situation mit den momentanen und künftigen Herausforderungen, ein solches Wirtschaftssystem installiert werden kann. Es bleibt aber fundamental für

---

[40] Grob: Ein Produktionsfaktor ist ein Element, das für die Produktion von materiellen oder immateriellen Gütern erforderlich ist.

den Leser zu wissen, dass auch andere Realimplikatio-
nen denkbar wären.

Grundsätzliche Definition

Der Wertekapitalismus [die Wertemarktwirtschaft] ist ein Wirtschaftssystem, in dem Werte zu einem Produktionsfaktor werden.

Damit ergänzen Werte die volkswirtschaftlichen Produktionsfaktoren Arbeit, Boden, Kapital sowie Verhalten und stellen eine Grundlage für erfolgreiches Wirtschaften dar. Ohne diesen Produktionsfaktor wird die Gewinnmaximierung erschwert. Wichtig ist dabei zu verstehen, dass Werte in diesem Modell kein aufgedrängter Fremdfaktor sind, der im „normalen" Rahmen des „natürlichen" Kapitalismus keine Rolle spielen würde, sondern sie zum elementaren Teil des Produktionsprozesses werden:[41]

---

[41] Es liegt daher kein staatlicher oder sonstiger externer Eingriff vor, sondern Werte werden ein Teil der DNA des Kapitalismus.

Werte - im Sinne des Wertekapitalismus - sind definierte Rechte, Standards und Pflichten im juristischen Sinne.

Es werden objektive, oft über Jahrzehnte herausgearbeitete Normen verwendet, die durch stetigen Diskurs gebildet und erweitert werden können.

Für Unternehmen rücken daher Standards in den Mittelpunkt wie z.B.:

- Faire Entlohnung
- Betriebliche Mitbestimmung
- Positive Arbeitsbedingungen
- Grundsätzliche Arbeitnehmerrechte
- Umweltbewusstsein
- Fürsorgepflichten für den Mitarbeiter
- Transparenzpflichten

Staaten sollen durch den Wertekapitalismus beispielsweise zur Einhaltung folgender Werte und Verpflichtungen ermutigt werden:

- Wahrung von Persönlichkeitsrechten, wie z.B.:
  - Recht auf Leben

- o Recht auf körperliche Unversehrtheit
- o Verbot der Folter

- Garantie von Freiheitsrechten, wie z.B.:
  - o Recht auf Freiheit
  - o Recht auf Eigentum
  - o Recht auf Sicherheit
  - o Allgemeine Handlungsfreiheit
  - o Keine staatlichen Eingriffe in die Privatsphäre
  - o Meinungsfreiheit
  - o Gedanken-, Gewissens- und Religionsfreiheit
  - o Reisefreiheit
  - o Versammlungsfreiheit
  - o Informationsfreiheit
  - o Demokratische Teilhabe
  - o Datenautonomie
- Sicherstellung von justiziellen Rechten
- Schutz der Natur und Lebensgrundlagen
- Sicherstellung einer sozialen, wirtschaftlichen und gesellschaftlichen Infrastruktur

Die Liste ist nicht abschließend auch die Aufnahme anderer Standards wie z.B. Umweltschutz wären denkbar.[42] Jeder „Wert" lässt sich daher klar bestimmen, nachverfolgen und juristisch als Vertragsklausel formulieren. Dieses ist auch die Grundvoraussetzung. Warum dieses relevant ist, soll in der Folge gezeigt werden.

Erweiterte Definition

Die erweiterte Definition des Wertekapitalismus, welche die grundsätzliche einschließt und gleichzeitig ihre Funktionen umreißt, ist folgendermaßen auszuführen:

---

[42] Relevant bleibt allerdings die „Messbarkeit". Werte des Zeitgeistes oder Modetrends sind das nicht. Der Wertekapitalismus ist für deren Durchsetzung die völlig falsche Ebene, denn er ist kein Mittel des Milieukampfs, oder des Ungefähren, sondern des Konkreten.

- Der Wertekapitalismus [die Wertemarktwirtschaft] ist ein Wirtschaftssystem, in dem Werte zu einem Produktionsfaktor werden.

- Er ist eine Evolution und ein Korrektiv des kapitalistischen Systems und basiert auf Nutzenmaximierung durch wertbasiertes Handeln.

- Er nutzt Marktmechanismen.

- Ziel ist globaler Frieden, Freiheit und Wohlstand.

- Er transformiert den Kapitalismus, in dem er Schlüsselindustrien der Zukunft demokratisiert und dann marktbasierend und wertgerecht, an die Marktlage anpasst.

- Er übt keinen Zwang auf Marktteilnehmer aus, sondern leitet deren Wunsch nach Gewinn- und Nutzenmaximierung auf eine solche Art und Weise um, dass sich dem gewünschten Optimum dann am besten angenähert werden kann, wenn dieses wertebasierend und zum Wohle aller geschieht.

Diese Beschreibung mag auf den ersten Blick abstrakt klingen, soll aber in einer möglichen Umsetzungsform, die jedoch keine Absolutheit für sich beansprucht, deutlicher herauskristallisiert werden.

Praxisumsetzung

Die Einführung eines Wertekapitalismus ist auf verschiedene Art und Weisen denkbar. Eine pragmatische, an die Realitäten angepasste Variante soll an dieser Stelle vorgestellt werden. Sie könnte den Kapitalismus zügeln und in neue Bahnen lenken, ist aber nur eine Möglichkeit **(Korrektivfunktion)**. Hierfür ist es einerseits von Nöten einen Wertefonds **(Wertehüter)**,[43] durch freiheitlich-demokratisch-geordnete Staaten,[44] aufzustellen, andererseits mit diesem zentrale

---

[43] Als Beispiel eines solches Fonds sei auf den norwegischen Staatsfonds verwiesen.

[44] Die freiheitlich-demokratische Ordnung ist eine Grundvoraussetzung für die Beteiligung. Wie könnte der Wertekapitalismus auch glaubwürdig Werte implementieren wollen, wenn die beteiligten Staaten an dieser Stelle Defizite aufweisen?

technologisch Felder, zu besetzen, d.h. in diese zu investieren[45] und die Konsequenzen der neuen Marktmacht auf alle weiteren Bereiche des ökonomischen Lebens ausstrahlen zu lassen **(Brandfunktion).** Was aber ist der Wertehüter?

Der Wertefonds (Wertehüter) ist eine demokratisch-legitimierte, im Eigentum der Staatsbürger stehende, politisch unabhängige, Einrichtung, die einerseits versucht eine dominante Rolle auf dem Feld der technologischen Schlüsselindustrien einzunehmen und andererseits anstrebt, über vertragliche Konstrukte, Werte - im Sinne des Wertekapitalismus - zu implementieren.

Der Wertehüter ist zugleich ein regulärer Marktteilnehmer und unterliegt den Gesetzen des Marktes.

Die zu besetzenden Felder sind:[46]

---

[45] Hier wäre ein kleiner Prozentsatz im einstelligen Bereich des BSP denkbar.

[46] Aufmerksame Beobachter werden hier eine – wenig erstaunliche – Parallele zu „Made in China 2025" oder den Strategien der großen Technologiekonzernen sehen. Welche

- Moderne Informationstechnologie
- Robotik und CNC-Maschinen
- Luft- und Raumfahrtsysteme
- Meerestechniksysteme und Hightech-Schiffe
- Fortschrittliche Schienenverkehrssysteme
- Energiesparende Autos und Autos mit alternativer Antriebstechnik
- Energiesysteme
- Landwirtschaftliche Maschinen
- Neue Materialien
- Biomedizin und Medizingeräte

Der Wertehüter, kapitalisiert durch die freiheitlich-demokratisch orientierten Teilnahmestaaten, versucht auf diesen Märkten nun starke Anteile zu gewinnen und ist auf dem Markt tätig **(Marktfunktion).**[47]

Felder sollten auch sonst besetzt werden, um einen entsprechenden Einfluss ausüben zu können?

[47] Dabei agiert er im Kern nicht anders als ein großer Technologiekonzern. Hier sei beispielsweise an Alphabet Inc. erinnert werden, die der Allgemeinheit wohl eher als Google bekannt ist. Google selbst wurde erst 1997 gegründet, nimmt aber inzwischen in den westlichen Ländern fast eine marktbeherrschende Stellung ein. Wenn dieses einem privaten Unternehmen „aus dem Nichts" in kürzester Zeit

Dementsprechend investiert der Fonds, der wie eine Aktiengesellschaft organsiert ist, wobei die Mitgliedstaaten die nicht-handelbaren Anteile halten und der Aufsichtsrat demokratisch legitimiert wird,[48] zielgerichtet in entsprechende Ressourcen **(Investitionsfunktion).**[49] Die so entstehenden technologischen Forschungs- und

---

gelingen kann, wie viel schneller, größer und stärker wäre wohl ein unabhängige sowie demokratisch legitimierte Einrichtung, die von den Staaten um ein Vielfaches kapitalisiert werden würde?

[48] Der Wertehüter ist demokratisch legitimiert, aber keine staatliche Einrichtung. Selbst die Aufsichtsratsmitglieder werden im Idealfall nicht von den Mitgliedstaaten bestimmt, sondern von den Völkern gewählt. Der Vorstand des Fonds agiert daher unternehmerisch und unabhängig. Der Wertehüter ist vom Grundverständnis ein dynamischer Konzern, agiert als solche und braucht im strategischen und operativen Bereich ein Maximum an Fachkompetenz, die er sich über den Markt verschafft.

[49] Der Wertehüter agiert hier wie ein Unternehmen und strebt darüber hinaus starke Kooperation mit staatlichen Einrichtungen wie z.B. Universitäten an.

Entwicklungsprodukte[50] offeriert er als Lizenzen **(Lizenzierungsfunktion).**[51] Über diese Verträge werden Werte als Produktionsfaktor implementiert **(Implementierungsfunktion),** denn ohne die Akzeptanz der entsprechenden Vertragsklausel, ist eine Lizenzierung nicht möglich. Unternehmen oder auch Staaten werden daher die Werteklauseln aus Eigennutz akzeptieren, da ansonsten die Gewinnmaximierung gefährdet wäre.

Der Wertehüter zwingt daher keinem Staat oder Unternehmen etwas auf, sondern bietet neue Gelegenheiten zur Gewinnmaximierung. Es handelt sich daher um ein Anreizsystem, das durch die Schaffung eines neuen Produktionsfaktors den Kapitalismus in großen Teilen zügelt.

---

[50] Unter dem Begriff werden Technologien auf den genannten Feldern zusammengefasst. Die konkrete Produktentwicklung sei dann aber dem Markt überlassen.

[51] Letztendlich ein Geschäftsgebaren, wie es allgemein üblich ist. Lediglich der Lizenzgeber ist nun ein anderer.

Das Modell des praktischen Wertekapitalismus

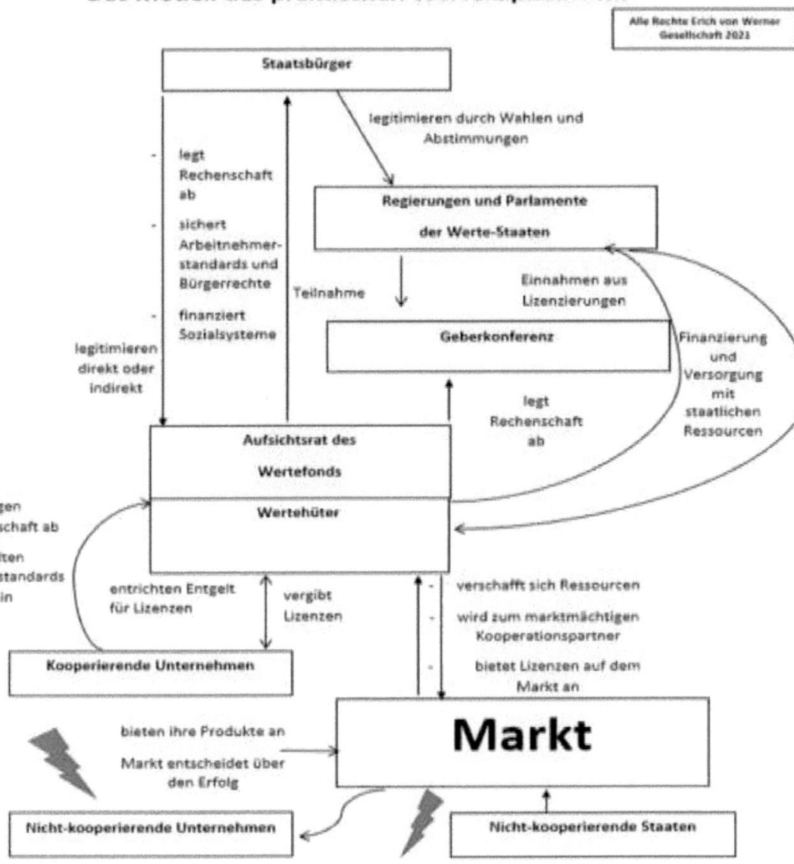

des Marktes bzw. Wunsch nach Profitmaximierung macht es attraktiv Vertragspartner zu werden.

Schaffung von besseren Bedingungen für Arbeitnehmern

Am Markt setzt sich der durch, der diese Mindeststandards einhält

Werte werden zu einem Produktionsfaktor

Eingeschränkter Zugriff auf bestimmte Technologien oder Produkte
Druck des Marktes macht Wunsch nach Teilhabe am Wertefonds attraktiv

→ Dafür sind Einhaltung von Mindeststandards zwingend notwendig; eine Heranführung ist möglich.

→ Besserung des Lebens der Bürger

→ Abschaffung autoritärer Systeme

Die lizenzierenden Unternehmen sind normal am Markt tätig und unterliegen, wie auch der Wertefonds selbst, dem Wettbewerb. Durch den Rückgriff auf moderne Technologien und Lizenzen haben sie einen Wettbewerbsvorteil gegenüber Werteverweigerern. Allerdings ist es tendenziell unwahrscheinlich, dass es derartige dauerhaft geben wird; die Unternehme werden sich weiter egoistisch, also wirtschaftlich verhalten und einen maximalen Nutzen für sich herbeiführen wollen. Nun haben sich die Erfolgsfaktoren verändert, denn jetzt ist Profitmaximierung am leichtesten durch das Einhalten von Werten (z.B. Arbeitsbedingungen, Löhne, Mitbestimmung) erreichbar.

Werte werden zu damit zu einem Produktionsfaktor wie Arbeit, Boden, Kapital und Verhalten. Daher werden sich Unternehmen freiwillig anpassen. Nicht aus moralischen Gründen, sondern aus Berechnung. Die Gier schafft damit das Gute. Nicht aus Überzeugung handeln sie, sondern aus Eigennutz. Die Kräfte des Marktes werden so in eine positive Richtung gelenkt. Die unsichtbare Hand der Erziehung wirkt, ohne jeden Zwang und ohne jede Reglementierung.

Analog sind die Nationen zu sehen, denn es gibt nun einen echten Anreiz, massive Reformen in Richtung einer freiheitlich-demokratischen Ordnung anzustreben **(Demokratisierungsfunktion),** denn sonst sind Embargos für bestimmte Technologiepatente denkbar.[52] Mit diesem Geschäft nimmt der Wertehüter wiederum Mittel ein, die er einerseits reinvestiert und andererseits an die Geberländer ausschüttet **(Finanzierungsfunktion).** Die akkumulierten Gewinne dienen nun der Allgemeinheit und eröffnen mannigfaltige Möglichkeiten der Finanzierung des Staatswesens. Viele Elemente, die bislang an der Finanzierung scheitern, werden nun möglich.[53]

---

[52] Derartige Staaten sollen selbstverständlich langfristig an einen Zustand herangeführt werden, um selbst Anteilnehmer des Wertehüters zu werden. Sie aufzugeben, würde bedeuten, den Einfluss autoritärer Staaten zu stärken. Der Wertekapitalismus ist aber kein ideologisches, sondern ein pragmatisches Konzept und daher wird es, je nach Entwicklungsstand, mannigfaltige Programme geben, um den jeweiligen Staat schrittweise heranzuführen.

[53] Hier ist praktisch alles von Umweltschutzthemen, bis zur Sicherung des Sozialsystems aufführbar. Der Sozialstaat wäre damit nicht nur gerettet, sondern lässt sich sogar erweitern. Die Mittelverwendung ist aber nicht Sache des Wertehüters,

Der Wertehüter ist dabei zur maximalen Transparenz verpflichtet und demokratisch legitimiert **(Transparenzfunktion- und Mitbestimmungsfunktion).**

Was das Ganze die Menschen kosten wird? Nichts, denn der praktische Wertekapitalismus orientiert sich an Staaten und Unternehmen **(Laissez-faire-Funktion).** Er tastet weder die Kultur noch Identität an, kennt keinen Zwang, verlangt keine Abschaffung von Nationen oder nimmt Möglichkeiten der demokratischen Mitbestimmung. Er setzt, im Gegensatz zu anderen Ideen, schlicht nicht am Menschen an.[54]

Das also sei die Grundidee. Im besten Fall haben wir daher eine blühende und bessere Erde, in der Wohlstand,

---

sondern der Staaten. Faktisch findet die Akkumulation des Kapitals damit teilweise in den Kassen der Allgemeinheit und nicht mehr im privaten Bereich statt. Das grundsätzliche kapitalistische Prinzip ändert sich nicht, aber muss es das, wenn es dementsprechend umgeleitet wurde?

[54] Eine Aussage, die mit dieser Anmerkung noch mehrfach unterstrichen werden soll: Der Mensch ist im Wertekapitalismus kein Erziehungs- oder gar Manipulationsobjekt. Er setzt vielmehr bei den Marktkräften an.

Freiheit und Frieden herrschen. Im schlechtesten Fall entsteht ein Gegengewicht zur künftigen Macht autoritärer Systeme, die diesem ebenbürtig gegenübertritt. Die Macht über die Technologie wird aus den Händen der Unternehmen und Autokratien genommen und in die des Volkes gelegt **(Schutzfunktion).** Sie wird demokratisiert, der Kapitalismus gezügelt.

Fazit

Die Transformation des Kapitalismus mit Hilfe des Produktionsfaktors Werte zu einer Wertemarktwirtschaft könnte dringende Probleme des ökonomischen Systems lösen und darüber hinaus zu Freiheit, Wohlstand und Frieden beitragen. Die praktische Umsetzung über einen Wertehüter lässt sich dabei diskutieren.

Capitalisme des valeurs

Un concept pragmatique pour restructurer l'économie mondiale au profit de tous les peuples

- Les effets négatifs du capitalisme peuvent être redirigés pour le bien de tous.

- Cela devient possible grâce à la mise en œuvre des valeurs en tant que facteur de production.

- Un capitalisme de valeur [une économie de marché de valeur] est en train d'émerger.

- Cela peut être mis en œuvre de manière pratique via un gardien de valeur

Introduction

Depuis de nombreuses années, le développement économique mondial fait l'objet de diverses considérations. Celle-ci est façonnée par un système économique capitaliste, dont les faiblesses[55] sont souvent critiquées, mais qui, en raison de son enracinemen[56] mais aussi de ses

---

[55] Par exemple, l'accumulation du capital et du pouvoir, ou la contribution à l'émergence de l'inégalité.

[56] Cet enracinement est parfois ignoré par les critiques du capitalisme, qui suggèrent plutôt que toute tentative d'"abolition" - quelle que soit la façon dont elle est propagée - échouerait à cause d'une petite minorité. En réalité, cependant, l'enracinement est bien plus profond qu'on ne le prétend souvent, se heurterait à une résistance massive et ne parvient pas non plus à trouver des majorités, comme le montrent concrètement d'une part les résultats des élections, qui reflètent le plus clairement la volonté populaire, mais aussi les sondages :
https://de.statista.com/statistik/daten/studie/70793/umfrage/meinung-zum-kapitalismus-in-ausgewaehlten-laendern/
Mais cela ne signifie pas pour autant, comme le montre également l'enquête en question, qu'il n'existe aucune volonté de réforme.

succès, ne semble pas avoir d'alternative[57]. Néanmoins, beaucoup de plantes peu attrayantes poussent à partir de la graine du capitalisme, qui a également tendance à proliférer de manière sauvage. Il ne fait aucun doute que certains États tentent de contrecarrer ce phénomène, par exemple en orientant le capitalisme de production classique vers des canaux plus gérables à l'aide d'une législation appropriée, [58]mais ces moyens semblent déjà échouer dans le cas du capitalisme financier, qui n'est revenu dans la conscience publique qu'avec la crise[59]

---

[57] Par exemple, les réformes de l'économie de marché en Chine à partir de la fin des années 1970 ont entraîné un recul massif de la pauvreté. À la fin de 2020, les derniers districts ont été retirés de la liste nationale de la pauvreté. Même si les rapports de l'agence de presse nationale Xinhua doivent être considérés avec prudence, le développement économique du pays est malgré tout indéniable.
Quelle : http://www.xinhuanet.com/english/2020-11/24/c_139538338.htm

[58] Les produits typiques de ces interventions seraient, par exemple, l'économie sociale de marché, l'État-providence en soi, mais aussi l'"État gardien de nuit" est déjà un acte nécessaire de l'action étatique.

[59] Il s'agit de la crise bancaire et financière dans le cadre de la crise économique mondiale à partir de 2007 et de ses

financière, et il n'y a pas encore de recette pour le capitalisme comportemental de plus en plus fort[60]. Contrairement à ce que beaucoup prétendent, le capitalisme n'est pas - encore - en train de périr, mais il se déplace[61] et de

---

conséquences. Fondamentalement, les causes et les conséquences n'ont pas encore été résolues, même si l'attention des médias s'est détournée de la question.

[60] Le capitalisme comportemental est une variété de capitalisme dans laquelle le comportement humain devient le facteur central de la production et de la fourniture de biens et de services.
Définition par:
Herteux, Andreas. (2020). Grundlagen gesellschaftlicher Entwicklungen im 21. Jahrhundert - Neue Erklärungsansätze zum Verständnis eines komplexen Zeitalters, Erich von Werner Verlag, Karbach, 4. Auflage, DOI 10.5281/zenodo.3932355, ISBN 978-3-948621-16-2 À ce stade, il convient également de souligner que le capitalisme comportemental a une fois de plus clairement gagné en puissance pendant la pandémie de Corona, c'est-à-dire que les grands capitalistes comportementaux sont des bénéficiaires directs de la crise. Cependant, le Covid-19 n'est pas la cause de ce phénomène, mais il en est certainement un accélérateur.

[61] Une perte de compétitivité en Europe, comme il faut s'y attendre pour les prochaines années, n'est pas un échec du capitalisme, mais simplement une défaite rampante de la concurrence du marché libre, car une évolution positive parallèle en Asie, notamment en Chine, est déjà prévisible. Le

nouvelles branches dépassent le tronc principal,[62] prenant une influence toujours plus grande. Les possibilités d'intervention de l'État ou des institutions[63] semblent donc soit avoir atteint une limite, soit l'adaptation à une dynamique dictée par l'évolution des temps [64]est tout

---

futur classement des régions du monde sera donc également la Chine, les États-Unis et l'Inde/UE.

[62] Un exemple serait le capitalisme comportemental déjà mentionné ici ; cf. aussi
Herteux, Andreas. (2019). First Foundations of Behavioral Capitalism: A New Variety of Capitalism Gains Power and Influence. Zenodo. http://doi.org/10.5281/zenodo.3469568, ISBN 9783981900651.

[63] Par exemple, par les banques centrales ou des institutions telles que l'Union européenne.

[64] Par changement d'époque, on entend une période temporelle dont les éléments individuels s'influencent dynamiquement les uns les autres de telle sorte qu'ils peuvent entraîner un réaménagement de l'ancien rapport de force (mondial).
Ces éléments sont :

- Faire face au progrès technologique (par exemple, numérisation, capitalisme comportemental, homo stimulus, biotechnologie, IA, optimisation humaine),
- Montée de nouveaux concurrents sur les marchés mondiaux (par exemple, les pays asiatiques),

simplement trop lente, car elles peuvent agir beaucoup moins activement que l'économie.

Certains critiques peuvent maintenant, malgré l'expérience générale des réalisations socialistes, insister sur l'abolition du système capitaliste comme solution, et pourtant il s'agit simplement d'une illusion avec l'ancrage existant, qui est présentée dans des rondes de salon douces et conviviales, mais qui apparemment ne peut jamais être mise en œuvre avec succès. D'une part, par manque d'alternatives réalistes, d'autre part, parce que le large éventail d'intérêts ne permettrait jamais une telle chose. Mais cela ne signifie pas que des réformes

---

- Faiblesse du monde occidental (par exemple en raison de l'instabilité, de la perte de confiance dans les ordres existants, de la perte de compétitivité ou de la montée en puissance politique de la Chine),
- Modification des conditions environnementales (par exemple, en raison du changement climatique, des pandémies, de l'exploitation des ressources ou de la dégradation de l'environnement),
- Manque de perspectives pour une partie de l'humanité (par exemple, en raison de la surpopulation ou de besoins fondamentaux et de sécurité non satisfaits).

pragmatiques ne sont pas nécessaires et possibles. La [65]manière de combattre les développements négatifs du capitalisme n'est donc pas à chercher dans des utopies irréalistes ou dans l'espoir d'un point zéro, mais dans le fait de battre l'économie de marché libre avec ses propres moyens.

Pourquoi ne pas réorienter la force élémentaire et la puissance du capitalisme, comme un torrent furieux? Pourquoi ne pas transformer l'inondation destructrice qui emporte tout avec elle en une eau bénéfique qui fournit un sol fertile? L'enjeu de l'idée du capitalisme de la valeur n'est rien de moins. Une idée qui vise à corriger, à encadrer et à réorienter la libre entreprise dans l'intérêt de tous.

---

[65] En particulier dans les périodes difficiles, caractérisées par le changement d'époque, qui vont de crise en crise, la conscience et la réceptivité aux idées de changement doivent être particulièrement élevées.

Idées de base

Le capitalisme des valeurs repose sur l'idée que les valeurs peuvent occuper une position telle dans la vie économique que la réussite de l'activité économique est rendue nettement plus difficile sans elles. Ou, pour le dire plus simplement, les valeurs devraient devenir un facteur de production indispensable. [66] Cela peut sembler une utopie à première vue, mais les déclarations seront précisées dans les pages suivantes. Il convient de noter d'emblée que le capitalisme de la valeur pourrait se développer dans la réalité sous diverses formes, qui doivent également varier en fonction de la situation. Il s'agit d'une idée pragmatique et adaptable et non d'une construction idéologique et rigide où seule une forme pure pourrait théoriquement fonctionner.

À ce stade, il convient également de faire une distinction entre une définition de base et une définition étendue du capitalisme de la valeur. Le premier décrit les exigences d'une économie de marché fondée sur les valeurs. La

---

[66] Rough: Un facteur de production est un élément nécessaire à la production de biens matériels ou immatériels.

seconde décrit la manifestation concrète, c'est-à-dire la manière dont un tel système économique peut être installé dans la situation actuelle avec les défis actuels et futurs. Cependant, il reste fondamental pour le lecteur de savoir que d'autres implications réelles seraient également concevables.

Définition de base

> **Le capitalisme des valeurs [l'économie de marché des valeurs] est un système économique dans lequel les valeurs deviennent un facteur de production.**

Les valeurs complètent donc les facteurs de production économique que sont le travail, la terre, le capital et le comportement et constituent la base d'une activité économique réussie. Sans ce facteur de production, la maximisation du profit devient plus difficile. Il est important de comprendre que les valeurs dans ce modèle ne sont pas un facteur étranger imposé qui ne jouerait pas de rôle dans le cadre "normal" du capitalisme "naturel", mais qu'elles deviennent une partie élémentaire du processus de production : [67]

> **Les valeurs - au sens du capitalisme des valeurs - sont des droits, des normes et des devoirs définis au sens juridique.**
>
> **Des normes objectives, souvent élaborées au fil des décennies, sont utilisées, qui peuvent être formées et étendues par un discours constant.**

Pour les entreprises, on assiste donc à la mise en place de normes telles que :

- Rémunération équitable
- Co-détermination opérationnelle
- Des conditions de travail positives
- Droits fondamentaux   des travailleurs
- Sensibilisation à l'environnement
- Les devoirs de soins du salarié
- Obligations de transparence

---

[67] Il n'y a donc pas d'intervention de l'État ou d'autres intervenants extérieurs, mais les valeurs font partie de l'ADN du capitalisme.

Par exemple, le capitalisme des valeurs devrait encourager les États à adhérer aux valeurs et engagements suivants :

- La protection des droits personnels, tels que :
    - le droit à la vie
    - droit à l'intégrité physique
    - Interdiction de la torture
- Garantie des libertés, telles que :
    - droit à la liberté
    - droit au patrimoine
    - droit à la sécurité
    - Liberté d'action générale
    - Pas d'ingérence de l'État dans la vie privée
    - Liberté d'expression
    - Liberté de pensée, de conscience et de religion
    - Liberté de voyager
    - Liberté de réunion
    - Liberté d'information
    - Participation démocratique
    - Autonomie des données

- Garantir les droits judiciaires

- Protection de la nature et des moyens de sub-
  sistance

- Garantir une infrastructure sociale, économique
  et sociétale

Cette liste n'est pas exhaustive, et l'inclusion d'autres normes, telles que la protection de l'environnement, serait également envisageable.[68]Chaque "valeur" peut donc être clairement définie, suivie et formulée juridiquement comme une clause contractuelle. C'est également l'exigence de base. Les raisons de cette pertinence seront exposées ci-après.

1. Définition étendue

La définition élargie du capitalisme de la valeur, qui inclut la définition de base et décrit en même temps ses fonctions, doit être réalisée comme suit :

---

[68] Ce qui reste pertinent, cependant, c'est la "mesurabilité". Les valeurs du zeitgeist ou les tendances de la mode ne le sont pas. Le capitalisme de la valeur est le niveau complètement erroné pour leur application, parce qu'il n'est pas un moyen de la lutte du milieu, ou du vague, mais du concret.

- Le capitalisme des valeurs [l'économie de marché des valeurs] est un système économique dans lequel les valeurs deviennent un facteur de production.
- Il s'agit d'une évolution et d'un correctif du système capitaliste, fondé sur la maximisation de l'utilité par une action basée sur la valeur.
- Il utilise les mécanismes du marché.
- L'objectif est la paix, la liberté et la prospérité dans le monde.
- Elle transforme le capitalisme en démocratisant les industries clés de l'avenir, puis en les adaptant à la situation du marché sur la base d'une approche fondée sur le marché et la valeur.
- Elle n'exerce pas de coercition sur les participants au marché, mais réoriente leur désir de maximisation du profit et de l'utilité de manière à ce que l'optimum souhaité puisse être approché au mieux lorsqu'il est fondé sur la valeur et au bénéfice de tous.

Cette description peut sembler abstraite à première vue, mais elle doit être cristallisée plus clairement dans une forme possible de mise en œuvre, qui ne prétend toutefois pas à l'absolutisme.

Mise en œuvre pratique

L'introduction du capitalisme de la valeur est concevable de différentes manières. Une variante pragmatique, adaptée aux réalités, sera présentée ici. Elle pourrait freiner le capitalisme et l'orienter dans de nouvelles directions, mais ce n'est qu'une possibilité **(fonction corrective)**. Pour cela, il est nécessaire, d'une part, de créer un fonds de valeur [69]**(gardien de la valeur)**, [70]par le biais d'États à régime libéral-démocratique, et, d'autre part, d'en occuper les domaines technologiques centraux,

---

[69] L'ordre libéral-démocratique est une condition préalable à la participation. Comment le capitalisme des valeurs pourrait-il également vouloir mettre en œuvre des valeurs de manière crédible si les États participants présentent des déficits à ce stade ?

[70] À titre d'exemple d'un tel fonds, il convient de mentionner le fonds souverain norvégien.

c'est-à-dire d'y investir[71] et de laisser les conséquences du nouveau pouvoir de marché se propager à tous les autres domaines de la vie économique **(fonction de feu)**. Mais qu'est-ce que le gardien des valeurs ?

> **Le fonds de valeur (value guardian) est une institution démocratiquement légitimée, politiquement indépendante et détenue par les citoyens, qui d'une part tente de prendre un rôle dominant dans le domaine des industries technologiques clés et d'autre part s'efforce de mettre en œuvre des valeurs - au sens du capitalisme de valeur - par le biais de constructions contractuelles.**
>
> **Le dépositaire est également un participant régulier du marché et est soumis aux lois du marché.**

Les champs à remplir sont les suivants : [72]

---

[71] Ici, un petit pourcentage dans la fourchette à un chiffre du PNB serait concevable.

[72] Les observateurs attentifs verront ici un parallèle - peu surprenant - avec le "Made in China 2025" ou les stratégies des grandes entreprises technologiques. Quels autres domaines devraient également être occupés afin de pouvoir exercer une influence correspondante ?

- Technologie de l'information moderne

- Robotique et machines CNC

- Systèmes aérospatiaux

- systèmes d'ingénierie maritime et navires de haute technologie

- systèmes de transport ferroviaire avancés

- Voitures à faible consommation d'énergie et voitures équipées d'une technologie de propulsion alternative.

- Energy Systems

- machines agricoles

- Nouveaux matériaux

- Biomédecine et dispositifs médicaux

Le gardien des valeurs, capitalisé par les États participants à orientation libérale-démocratique, tente maintenant d'obtenir des parts importantes sur ces marchés et est actif sur le marché **(fonction de marché)**.[73]

---

[73] En même temps, au fond, elle n'agit pas différemment d'une grande entreprise technologique. Ici, par exemple, il convient de se souvenir d'Alphabet Inc, qui est probablement mieux connu du grand public sous le nom de Google. Google lui-même n'a été fondé qu'en 1997, mais occupe aujourd'hui une position presque dominante sur le marché dans les pays

Ainsi, le fonds, qui est organisé comme une société anonyme, les États membres détenant les parts non négociables et le conseil de surveillance étant légitimé démocratiquement, effectue des investissements [74]ciblés dans les ressources correspondantes **(fonction**

occidentaux. Si cela peut être réalisé par une entreprise privée "à partir de rien" en très peu de temps, combien plus vite, plus grand et plus fort serait une institution indépendante et démocratiquement légitimée, qui serait capitalisée plusieurs fois par les États?

[74] Le gardien des valeurs a une légitimité démocratique, mais n'est pas une institution étatique. Même les membres du conseil de surveillance ne sont idéalement pas déterminés par les États membres, mais élus par les peuples. Le conseil du Fonds agit donc de manière entrepreneuriale et indépendante. Le gardien des valeurs est, à partir de la compréhension de base, un groupe dynamique, qui agit en tant que tel et a besoin dans le domaine stratégique et opérationnel d'un maximum d'expertise, qu'il obtient par le biais du marché.

d'investissement).[75] Les [76]produits de recherche et développement technologique qui en résultent sont proposés sous forme de licences **(fonction de licence).**[77] Grâce à ces contrats, les valeurs sont mises en œuvre en tant que facteur de production **(fonction de mise en œuvre),** car sans l'acceptation de la clause contractuelle correspondante, l'octroi de licences n'est pas possible. Les entreprises ou même les États accepteront donc les clauses de valeur par intérêt personnel, car sinon la maximisation des profits serait menacée.

Le gardien des valeurs n'impose donc rien à un État ou à une entreprise, mais offre de nouvelles possibilités de maximiser les profits. Il s'agit donc d'un système

---

[75] Le tuteur de valeurs se comporte ici comme une entreprise et s'efforce également de coopérer étroitement avec les institutions publiques telles que les universités.

[76] Les technologies dans les domaines susmentionnés sont résumées sous ce terme. Cependant, le développement concret du produit est ensuite laissé au marché.

[77] En définitive, une pratique commerciale comme il en existe beaucoup. Seul le donneur de licence est maintenant différent.

d'incitation qui, en créant un nouveau facteur de production, freine en grande partie le capitalisme.

Les sociétés de licence opèrent normalement sur le marché et, comme le fonds de valeur lui-même, sont soumises à la concurrence. En s'appuyant sur des technologies et des licences modernes, ils ont un avantage concurrentiel sur les négateurs de la valeur. Cependant, il est peu probable qu'il y ait une telle permanence ; les entreprises continueront à se comporter de manière égoïste, c'est-à-dire économiquement, et voudront obtenir un maximum de bénéfices pour elles-mêmes. Aujourd'hui, les facteurs de réussite ont changé, car la maximisation du profit est plus facilement atteinte en adhérant à des valeurs (par exemple, les conditions de travail, les salaires, la codétermination).

Les valeurs deviennent ainsi un facteur de production comme le travail, la terre, le capital et le comportement. Par conséquent, les entreprises s'adapteront volontairement. Pas pour des raisons morales, mais par calcul. La cupidité crée donc le bien. Ce n'est pas par conviction qu'ils agissent, mais par intérêt personnel. Les forces du marché sont ainsi orientées dans une direction positive. La main invisible de l'éducation fonctionne, sans aucune coercition et sans aucun enrégimentement.

Les nations doivent être considérées de manière analogue, car il existe désormais une réelle incitation à s'efforcer de réaliser des réformes massives dans le sens d'un ordre **démocratique** libre **(fonction de démocratisation),** car sinon des embargos sur certains brevets technologiques sont envisageables. [78]

Grâce à cette activité, le dépositaire de valeurs collecte à son tour des fonds, qu'il réinvestit d'une part et distribue d'autre part aux pays donateurs **(fonction de financement).** Les bénéfices accumulés servent désormais au grand public et ouvrent de multiples possibilités de financement du système étatique. De nombreux éléments qui avaient jusqu'à présent échoué

---

[78] Il va de soi que ces États doivent être rapprochés à long terme d'un État, afin de devenir eux-mêmes des participants au gardiennage des valeurs. Les abandonner reviendrait à renforcer l'influence des États autoritaires. Cependant, le capitalisme de la valeur n'est pas un concept idéologique mais pragmatique et, par conséquent, en fonction du niveau de développement, il y aura de nombreux programmes pour rapprocher progressivement les États respectifs.

en raison de leur financement deviennent désormais possibles. [79]

Le gardien des valeurs est ainsi tenu à une transparence maximale et est légitimé démocratiquement **(fonction de transparence et fonction de codétermination)**.

Ce que tout cela va coûter au peuple? Rien, car la valeur pratique du capitalisme est orientée vers les États et les entreprises **(fonction de laissez-faire).** Elle ne touche ni à la culture ni à l'identité, ne connaît pas la coercition, n'exige pas l'abolition des nations et ne supprime pas les possibilités de codétermination démocratique. Contrairement à d'autres idées, elle ne se concentre tout simplement pas sur les personnes. [80]

---

[79] Pratiquement tout, des questions de protection de l'environnement à la sauvegarde du système social, peut être répertorié ici. L'État-providence serait non seulement sauvé, mais pourrait même être étendu. Toutefois, l'utilisation des fonds ne relève pas de la compétence du gardien des valeurs, mais des États. En effet, l'accumulation du capital se fait donc en partie dans les caisses du grand public et non plus dans la sphère privée. Le principe capitaliste fondamental ne change pas, mais doit-il changer s'il a été détourné en conséquence?

[80] Une déclaration qui devrait être soulignée plusieurs fois avec ce commentaire: L'homme n'est pas un objet

Voilà donc l'idée de base. Dans le meilleur des cas, nous avons donc une terre meilleure et prospère dans laquelle règnent la prospérité, la liberté et la paix. Dans le pire des cas, nous avons un contrepoids au pouvoir futur des systèmes autoritaires, à égalité avec lui. Le pouvoir sur la technologie est retiré des mains des entreprises et des autocraties et placé dans celles du peuple **(fonction de protection).** Elle est démocratisée, le capitalisme est bridé.

Conclusion

La transformation du capitalisme à l'aide de la valeur des facteurs de production en une économie de marché de la valeur pourrait résoudre les problèmes urgents du système économique et contribuer en outre à la liberté, à la prospérité et à la paix. La mise en œuvre pratique via un gardien des valeurs peut être discutée.

---

d'éducation ou même de manipulation dans le capitalisme de la valeur. Elle commence plutôt avec les forces du marché.

Capitalismo de valores

Un concepto pragmático para reestructurar la economía mundial en beneficio de todas las personas

- Los efectos negativos del capitalismo pueden reorientarse para el bien de todos

- Esto es posible gracias a la aplicación de los valores como factor de producción

- Está surgiendo un capitalismo de valores [una economía de mercado de valores].

- Esto puede implementarse prácticamente a través de un guardián de valores

Introducción

Durante muchos años, se han hecho diversas consideraciones sobre el desarrollo económico mundial. Esto está conformado por un sistema económico capitalista, cuyas debilidades[81] son a menudo criticadas, pero que por un lado por su firme arraigo[82], pero por otro lado también por sus éxitos,[83]parece no tener alternativa. Sin embargo,

---

[81] Por ejemplo, la acumulación de capital y poder, o la contribución a la aparición de la desigualdad.

[82] Este arraigo es ignorado en ocasiones por los críticos del capitalismo, que en su lugar sugieren que cualquier intento de "abolición" -por muy propagado que esté- fracasaría por culpa de una pequeña minoría. Sin embargo, el atrincheramiento es mucho más profundo de lo que se suele afirmar, encontraría una resistencia masiva y tampoco encuentra mayorías, como se demuestra concretamente, por un lado, en los resultados electorales, que reflejan más claramente la voluntad popular, pero también en las encuestas:
https://de.statista.com/statistik/daten/studie/70793/umfrag e/meinung-zum-kapitalismus-in-ausgewaehlten-laendern/
Pero eso, a su vez, no significa, como también muestra la encuesta vinculada, que no haya voluntad de reforma.

[83] Por ejemplo, las reformas de libre mercado en China a partir de finales de los años 70 condujeron a un descenso masivo de la pobreza. A finales de 2020, los últimos distritos fueron eliminados de la lista nacional de pobreza. Aunque los informes de la agencia nacional de noticias Xinhua deben

de la semilla del capitalismo crecen muchas plantas poco atractivas, que también tienden a proliferar salvajemente. Sin duda, algunos Estados intentan contrarrestarlo, por ejemplo, dirigiendo el capitalismo de producción clásico hacia cauces más manejables con la ayuda de una legislación adecuada, [84]pero estos medios ya parecen fallar en el caso del capitalismo financiero, que sólo volvió a entrar en la conciencia pública con la crisis[85] financiera, y todavía no hay ninguna receta para el cada vez más fuerte capitalismo de comportamiento.

---

tratarse con cautela, el desarrollo económico del país es inconfundible a pesar de todo.
Quelle: http://www.xinhuanet.com/english/2020-11/24/c_139538338.htm

[84] Los productos típicos de estas intervenciones serían, por ejemplo, la economía social de mercado, el Estado de bienestar propiamente dicho, pero también el "Estado vigilante" es ya un acto necesario de la acción estatal.

[85] Se refiere a la crisis bancaria y financiera como parte de la crisis económica mundial a partir de 2007 y sus consecuencias. Básicamente, las causas y las consecuencias aún no se han resuelto, aunque los medios de comunicación hayan dado la espalda al asunto.

En [86]contra de lo que muchos afirman, el capitalismo - todavía no- está pereciendo, pero se está desplazando[87] y nuevas ramas están superando el tronco principal,[88]

---

[86] El capitalismo conductual es una variedad del capitalismo en la que el comportamiento humano se convierte en el factor central de la producción y el suministro de bienes y servicios. Definición por:
Herteux, Andreas. (2020). Grundlagen gesellschaftlicher Entwicklungen im 21. Jahrhundert - Neue Erklärungsansätze zum Verständnis eines komplexen Zeitalters, Erich von Werner Verlag, Karbach, 4. Auflage, DOI 10.5281/zenodo.3932355, ISBN 978-3-948621-16-2 En este punto también hay que señalar que el capitalismo conductual ha vuelto a ganar claramente poder durante la pandemia de Corona, es decir, los grandes capitalistas conductuales son beneficiarios directos de la crisis. Sin embargo, el Covid-19 no es la causa de esto, pero es definitivamente un acelerador.

[87] Una pérdida de competitividad en Europa, como es de esperar para los próximos años, no es un fracaso del capitalismo, sino simplemente una derrota progresiva en la competencia del libre mercado, porque ya es previsible un desarrollo positivo paralelo en Asia, especialmente en China. Por tanto, la futura clasificación de las regiones del mundo será también la de China, Estados Unidos e India/UE.

[88] Un ejemplo sería el capitalismo conductual ya mencionado aquí cf. también
Herteux, Andreas. (2019). First Foundations of Behavioral Capitalism: A New Variety of Capitalism Gains Power and

adquiriendo una influencia cada vez mayor. Por lo tanto, las posibilidades de [89]intervención del Estado o de las instituciones parecen haber llegado a un límite o la adaptación a un tiempo dinámico impulsado por el cambio de los tiempos [90]es simplemente demasiado lenta, porque

---

Influence. Zenodo. http://doi.org/10.5281/zenodo.3469568, ISBN 9783981900651

[89] Por ejemplo, por los bancos centrales o instituciones como la Unión Europea.

[90] Se entiende por cambio de época un periodo temporal en el que sus elementos individuales se influyen mutuamente de forma dinámica de manera que pueden provocar una reordenación del equilibrio de poder anterior (global). Estos elementos son:
- Tratar el progreso tecnológico (por ejemplo, la digitalización, el capitalismo conductual, el homo stimulus, la biotecnología, la IA, la optimización humana),
- Aparición de nuevos competidores en los mercados mundiales (por ejemplo, los países asiáticos),
- Debilidad del mundo occidental (por ejemplo, debido a la inestabilidad, la disminución de la confianza en los órdenes existentes, la pérdida de competitividad o debido al ascenso político de China),
- Cambios en las condiciones ambientales (por ejemplo, debido al cambio climático, las pandemias,

pueden actuar mucho menos activamente que la economía.

Algunos críticos pueden ahora, a pesar de la experiencia general con las realizaciones socialistas, insistir en la abolición del sistema capitalista como solución, y sin embargo esto es simplemente una ilusión con el anclaje existente, que se presenta en rondas de salón acogedoras y convivenciales, pero que aparentemente nunca puede ser implementado con éxito. Por un lado, por falta de alternativas realistas, por otro, porque el amplio abanico de intereses nunca permitiría tal cosa. Pero esto no significa que las reformas pragmáticas no sean necesarias y posibles. [91]Por lo tanto, la forma de luchar contra los

---

la explotación de recursos o la degradación del medio ambiente),
- Falta de perspectivas para una parte de la humanidad (por ejemplo, debido a la superpoblación o a las necesidades básicas y de seguridad insatisfechas).

[91] Especialmente en tiempos difíciles, que se caracterizan por el cambio de los tiempos, que se tambalean de crisis en crisis, la conciencia y la receptividad para los pensamientos de cambio, debe ser particularmente alta.

desarrollos negativos del capitalismo no se ve en las utopías irreales o en la esperanza de un punto cero, sino en vencer a la economía de libre mercado con sus propios medios.

¿Por qué no redirigir la fuerza elemental y el poder del capitalismo, como un torrente furioso? ¿Por qué no transformar la inundación destructiva que se lleva todo por delante en un agua beneficiosa que proporcione un suelo fértil? Nada menos que la idea del capitalismo del valor está en juego. Una idea que busca corregir, frenar y reorientar la libre empresa en beneficio de todos.

Ideas básicas

El capitalismo de valores se basa en la idea de que los valores pueden ocupar una posición tan importante en la vida económica que el éxito de la actividad económica se hace mucho más difícil sin ellos. O, para decirlo de forma más sencilla, los valores deben convertirse en un factor de producción indispensable. [92]Esto puede parecer una

---

[92] En bruto: Un factor de producción es un elemento necesario para la producción de bienes tangibles o intangibles.

utopía a primera vista, pero las afirmaciones se precisarán en las siguientes páginas. Hay que señalar de entrada que el capitalismo del valor puede desarrollarse de diversas formas en la realidad, que también deben variar según la situación. Se trata de una idea pragmática y adaptable, y no de una construcción ideológica y rígida en la que sólo podría funcionar teóricamente una forma pura.

Llegados a este punto, también hay que distinguir entre una definición básica y otra ampliada del capitalismo de valores. El primero describe los requisitos de una economía de mercado basada en los valores. La segunda describe la manifestación concreta, es decir, la forma en que dicho sistema económico puede instalarse en la situación actual con los retos actuales y futuros. Sin embargo, sigue siendo fundamental que el lector sepa que también serían concebibles otras implicaciones reales.

Definición básica

> **El capitalismo del valor [la economía de mercado del valor] es un sistema económico en el que los valores se convierten en un factor de producción.**

Así, los valores complementan los factores de producción económica de la mano de obra, la tierra, el capital y el comportamiento y representan una base para el éxito de la actividad económica. Sin este factor de producción, la maximización del beneficio se hace más difícil. Es importante entender que los valores en este modelo no son un factor ajeno impuesto que no desempeñaría un papel en el marco "normal" del capitalismo "natural", sino que se convierten en una parte elemental del proceso de producción: [93]

---

[93] Por lo tanto, no hay intervención estatal o externa, sino que los valores pasan a formar parte del ADN del capitalismo.

> **Los valores -en el sentido del capitalismo de valores- son derechos, normas y deberes definidos en sentido jurídico.**
>
> **Se utilizan normas objetivas, a menudo elaboradas durante décadas, que pueden formarse y ampliarse mediante un discurso constante.**

Por lo tanto, para las empresas están entrando en juego normas como:

- Retribución justa
- Co-determinación operativa
- Condiciones de trabajo positivas
- Derechos fundamentales
  de los trabajadores
- Conciencia medioambiental
- Deberes de atención al trabajador
- Obligaciones de transparencia

Por ejemplo, el capitalismo de valores debería animar a los Estados a adherirse a los siguientes valores y compromisos:

- Protección de los derechos personales, como:

- o derecho a la vida
- o derecho a la integridad física
- o Prohibición de la tortura
- Garantía de las libertades, como:
  - o derecho a la libertad
  - o derecho de propiedad
  - o derecho a la seguridad
  - o Libertad de acción general
  - o Ninguna injerencia del Estado en la vida privada
  - o Libertad de expresión
  - o Libertad de pensamiento, conciencia y religión
  - o Libertad para viajar
  - o Libertad de reunión
  - o Libertad de información
  - o Participación democrática
  - o Autonomía de los datos
- Garantizar los derechos judiciales
- Protección de la naturaleza y de los medios de subsistencia

- Garantizar una infraestructura social y económica

La lista no es exhaustiva, y también sería concebible la inclusión de otras normas, como la de protección del medio ambiente.[94]Por lo tanto, cada "valor" puede ser claramente definido, rastreado y formulado legalmente como una cláusula contractual. Este es también el requisito básico. A continuación se explicará por qué esto es relevante.

1. Definición ampliada

La definición ampliada del capitalismo del valor, que incluye la básica y al mismo tiempo esboza sus funciones, se llevará a cabo como sigue:

---

[94] Sin embargo, lo que sigue siendo relevante es la "mensurabilidad". Los valores del zeitgeist o las tendencias de la moda no lo son. El capitalismo del valor es el nivel completamente equivocado para su aplicación, porque no es un medio de la lucha del medio, o de lo vago, sino de lo concreto.

- El capitalismo del valor [la economía de mercado del valor] es un sistema económico en el que los valores se convierten en un factor de producción.
- Es una evolución y un correctivo del sistema capitalista y se basa en la maximización de la utilidad mediante la acción basada en el valor.
- Utiliza los mecanismos del mercado.
- El objetivo es la paz, la libertad y la prosperidad mundiales.
- Transforma el capitalismo democratizando las industrias clave del futuro y adaptándolas a la situación del mercado sobre la base de valores.
- No ejerce coerción sobre los participantes en el mercado, sino que reorienta su deseo de obtener beneficios y maximizar la utilidad de tal manera que el óptimo deseado se puede alcanzar mejor cuando éste se basa en el valor y en el beneficio de todos.

Esta descripción puede parecer abstracta a primera vista, pero debe cristalizar más claramente en una posible forma de aplicación que, sin embargo, no pretende ser absoluta para sí misma.

Aplicación práctica

La introducción del capitalismo del valor es concebible de varias maneras. Aquí se presentará una variante pragmática, adaptada a las realidades. Podría frenar el capitalismo y dirigirlo en nuevas direcciones, pero es sólo una posibilidad **(función correctiva)**. Para ello es necesario, por un lado, crear un fondo de valor [95]**(guardián del valor)**, [96]a través de estados de orden liberal-democrático, y por otro lado, ocupar los campos tecnológicos centrales con esto, es decir, [97]invertir en ellos y dejar que las consecuencias del nuevo poder del

---

[95] El orden liberal-democrático es un requisito básico para la participación. ¿Cómo podría el capitalismo de valores querer aplicar también los valores de forma creíble si los estados participantes muestran déficits en este punto?

[96] Como ejemplo de este tipo de fondos, cabe mencionar el fondo soberano noruego.

[97] Un pequeño porcentaje de un solo dígito del PNB sería concebible en este caso.

mercado se irradien a todas las demás áreas de la vida económica **(función de fuego).** Pero, ¿qué es el guardián de los valores?

El fondo de valores (guardián de valores) es una institución democráticamente legitimada y políticamente independiente, propiedad de los ciudadanos, que por un lado trata de asumir un papel dominante en el ámbito de las industrias tecnológicas clave y, por otro, se esfuerza por implantar valores -en el sentido del capitalismo de valores- mediante construcciones contractuales.

El custodio es también un participante habitual del mercado y está sujeto a las leyes del mismo.

Los campos a rellenar son: [98]

- Tecnología de la Información Moderna
- Robótica y máquinas CNC
- Sistemas Aeroespaciales

---

[98] Los observadores atentos verán aquí un paralelismo -poco sorprendente- con "Made in China 2025" o las estrategias de las grandes empresas tecnológicas. ¿Qué otros campos deberían ocuparse también para poder ejercer la influencia correspondiente?

- Sistemas de ingeniería marítima   y buques de alta tecnología
- Sistemas avanzados de transporte ferroviario
- Automóviles de bajo consumo y con tecnología de propulsión   alternativa
- Sistemas de energía
- maquinaria agrícola
- Materiales nuevos
- Biomedicina y dispositivos médicos

El guardián de los valores, capitalizado por los Estados participantes de orientación liberal-democrática, intenta ahora ganar fuertes cuotas en estos mercados y es activo en el mercado **(función de mercado)**.[99] En consecuencia,

---

[99] Al mismo tiempo, en su esencia, no actúa de forma diferente a una gran empresa tecnológica. Aquí, por ejemplo, vale la pena recordar a Alphabet Inc, que probablemente es más conocida por el público en general como Google. La propia Google se fundó en 1997, pero ahora ocupa una posición casi dominante en el mercado de los países occidentales. Si esto lo puede lograr una empresa privada "de la nada" en muy poco tiempo, ¿cuánto más rápido, más grande y más fuerte sería una institución independiente y democráticamente legitimada, que sería capitalizada muchas veces por los estados?

el fondo, que está organizado como una sociedad anónima, en la que los Estados miembros poseen las acciones no negociables y el consejo de supervisión está legitimado democráticamente, realiz[100]inversiones específicas en los recursos correspondientes (**función de inversión**).[101] Los [102]productos de investigación y desarrollo tecnológico resultantes se ofrecen en forma de

---

[100] El guardián de los valores tiene legitimidad democrática, pero no es una institución estatal. Lo ideal es que los miembros del consejo de supervisión no sean determinados por los Estados miembros, sino que sean elegidos por los pueblos. Por lo tanto, el Consejo de Administración del Fondo actúa de forma empresarial e independiente. El guardián de los valores es desde el entendimiento básico un grupo dinámico, actúa como tal y necesita en el área estratégica y operativa un máximo de experiencia, que obtiene a través del mercado.

[101] El guardián del valor actúa aquí como una empresa y también se esfuerza por cooperar estrechamente con instituciones estatales como las universidades.

[102] Las tecnologías en los campos mencionados se resumen bajo este término. Sin embargo, el desarrollo concreto del producto se deja en manos del mercado.

licencias **(función de licencia).**[103] A través de estos contratos, los valores se implementan como un factor de producción **(función de implementación),** ya que sin la aceptación de la cláusula contractual correspondiente, la concesión de licencias no es posible. Por lo tanto, las empresas o incluso los Estados aceptarán las cláusulas de valor por interés propio, ya que de lo contrario se pondría en peligro la maximización de los beneficios.

Por tanto, el guardián de los valores no impone nada a ningún Estado o empresa, sino que ofrece nuevas oportunidades para maximizar los beneficios. Se trata, pues, de un sistema de incentivos que, al crear un nuevo factor de producción, frena en gran medida el capitalismo.

Las empresas licenciatarias operan con normalidad en el mercado y, como el propio fondo de valor, están sujetas a la competencia. Al apoyarse en tecnologías y licencias modernas, tienen una ventaja competitiva sobre los negadores del valor. Sin embargo, tiende a ser poco probable que haya tal permanencia; las empresas seguirán comportándose de forma egoísta, es decir,

---

[103] En definitiva, una práctica empresarial como es habitual. Sólo que ahora el licenciante es otro.

económica, y querrán obtener el máximo beneficio para sí mismas. Ahora los factores de éxito han cambiado, porque ahora la maximización de los beneficios se consigue más fácilmente si se respetan los valores (por ejemplo, las condiciones de trabajo, los salarios, la codeterminación).

Los valores se convierten así en un factor de producción como el trabajo, la tierra, el capital y el comportamiento. Por lo tanto, las empresas se adaptarán voluntariamente. No por razones morales, sino de cálculo. Así, la codicia crea el bien. No actúan por convicción, sino por interés propio. Así, las fuerzas del mercado se orientan en una dirección positiva. La mano invisible de la educación funciona, sin ninguna coacción y sin ninguna regimentación.

Las naciones deben ser consideradas de forma análoga, ya que ahora existe un verdadero incentivo para esforzarse por realizar reformas masivas en dirección a un orden **democrático** libre **(función de democratización),** porque de lo contrario son concebibles los embargos de ciertas patentes tecnológicas. [104]

Con este negocio, el custodio de los valores recauda a su vez fondos, que reinvierte por un lado y distribuye a los países donantes por otro **(función de financiación).** Los beneficios acumulados sirven ahora al público en general y abren múltiples posibilidades de financiación del sistema estatal. Muchos elementos que hasta ahora han fracasado debido a la financiación ahora son posibles. [105]

---

[104] Por supuesto, estos estados deben acercarse a un estado a largo plazo, para convertirse ellos mismos en partícipes del guardián de los valores. Abandonarlas significaría reforzar la influencia de los estados autoritarios. Sin embargo, el capitalismo de valores no es un concepto ideológico, sino pragmático, por lo que, dependiendo del nivel de desarrollo, habrá múltiples programas para acercarse gradualmente al estado respectivo.

[105] Prácticamente todo, desde las cuestiones de protección del medio ambiente hasta la salvaguarda del sistema social, puede figurar aquí. El Estado del bienestar no sólo se salvaría, sino que incluso podría ampliarse. Sin embargo, el uso de los fondos no es competencia del guardián de los valores, sino de los estados. De hecho, la acumulación de capital se produce así en parte en las arcas del público en general y ya no en la esfera privada. El principio capitalista fundamental no cambia, pero ¿tiene que hacerlo si se ha desviado en consecuencia?

De este modo, el guardián de los valores está obligado a la máxima transparencia y está legitimado democráticamente **(función de transparencia y función de codeterminación)**.

¿Cuánto le costará al pueblo todo esto? Nada, porque el capitalismo de valores prácticos está orientado hacia los estados y las empresas **(función de laissez-faire)**. No toca ni la cultura ni la identidad, no conoce la coacción, no exige la abolición de las naciones ni quita posibilidades de codeterminación democrática. A diferencia de otras ideas, simplemente no se centra en las personas. [106]

Esa es, pues, la idea básica. En el mejor de los casos, por tanto, tenemos una tierra próspera y mejor en la que reinan la prosperidad, la libertad y la paz. En el peor de los casos, tenemos un contrapeso al futuro poder de los sistemas autoritarios, a la par. El poder sobre la tecnología se quita de las manos de las corporaciones y

---

[106] Una afirmación que debería ser subrayada varias veces con este comentario: El hombre no es un objeto de educación o incluso de manipulación en el capitalismo de valores. Más bien, comienza con las fuerzas del mercado.

las autocracias y se pone en las del pueblo **(función protectora). Se** democratiza, se frena el capitalismo.

Conclusión

La transformación del capitalismo, con la ayuda de los valores de los factores de producción, en una economía de mercado de valores podría resolver los problemas urgentes del sistema económico y, además, contribuir a la libertad, la prosperidad y la paz. Se puede discutir la aplicación práctica a través de un guardián de los valores.

Valores Capitalismo

Um conceito pragmático para a reestruturação da economia global em benefício de todas as pessoas

- Os efeitos negativos do capitalismo podem ser redireccionados para o bem de todos

- Isto torna-se possível através da implementação de valores como factor de produção

- Está a surgir um capitalismo de valor [uma economia de mercado de valor].

- Isto pode ser implementado praticamente através de um guardião de valores

Introdução

Durante muitos anos, houve várias considerações sobre o desenvolvimento económico global. Isto é moldado por um sistema económico capitalista, cujas fraquezas[107] são frequentemente criticadas, mas por um lado devido ao seu enraizamento firme[108], mas por outro lado também

---

[107] Por exemplo, a acumulação de capital e poder, ou a contribuição para a emergência da desigualdade.

[108] Esta consolidação é ocasionalmente ignorada pelos críticos do capitalismo, que em vez disso sugerem que qualquer tentativa de "abolição" - por muito propagada que fosse - fracassaria por causa de uma pequena minoria. Na verdade, porém, o enraizamento é muito mais profundo do que muitas vezes se afirma, encontraria uma resistência maciça e também não encontraria maiorias, como é demonstrado concretamente, por um lado, nos resultados eleitorais, que reflectem mais claramente a vontade popular, mas também nas sondagens:
https://de.statista.com/statistik/daten/studie/70793/umfrag e/meinung-zum-kapitalismus-in-ausgewaehlten-laendern/
Mas isso, por sua vez, não significa, como o inquérito interligado também demonstra, que não haja vontade de reformar.

devido aos seus sucessos, parece não ter alternativa[109]. No entanto, muitas plantas pouco atraentes crescem da semente do capitalismo, que também tende a proliferar de forma selvagem. Sem dúvida, alguns Estados tentam contrariar isto, por exemplo, dirigindo o capitalismo clássico de produção para canais mais fáceis de gerir com a ajuda de legislação apropriada, [110]mas estes meios já parecem falhar no caso do capitalismo financeiro, que só voltou a entrar na consciência pública com a crise[111]

---

[109] Por exemplo, as reformas do mercado livre na China desde o final dos anos 70 levaram a um declínio maciço da pobreza. No final de 2020, os últimos distritos foram retirados da lista nacional de pobreza. Embora os relatórios da agência noticiosa nacional Xinhua devam ser tratados com cautela, o desenvolvimento económico do país é inconfundível apesar de tudo.
Quelle: http://www.xinhuanet.com/english/2020-11/24/c_139538338.htm

[110] Os produtos típicos de tais intervenções seriam, por exemplo, a economia social de mercado, o estado social em si, mas também o "estado de vigia nocturno" já é um acto necessário de acção estatal.

[111] Isto refere-se à crise bancária e financeira como parte da crise económica global a partir de 2007 e suas consequências. Basicamente, as causas e consequências ainda não foram

financeira, e ainda não há receita para o capitalismo comportamental cada vez mais forte[112]. Ao contrário de muitas alegações, o capitalismo está - ainda não está - a perecer, mas está a mudar[113] e novos ramos estão a

---

resolvidas, mesmo que a atenção dos meios de comunicação social tenha virado as costas à questão.

[112] O capitalismo comportamental é uma variedade de capitalismo em que o comportamento humano se torna o factor central na produção e fornecimento de bens e serviços. Definição por:
Herteux, Andreas. (2020). Grundlagen gesellschaftlicher Entwicklungen im 21. Jahrhundert - Neue Erklärungsansätze zum Verständnis eines komplexen Zeitalters, Erich von Werner Verlag, Karbach, 4. Auflage, DOI 10.5281/zenodo.3932355, ISBN 978-3-948621-16-2 Neste ponto, deve também ser salientado que o capitalismo comportamental voltou a ganhar claramente poder durante a pandemia de Corona, ou seja, os grandes capitalistas comportamentais são beneficiários directos da crise. A Covid-19 não é, contudo, a causa disto, mas é definitivamente um acelerador.

[113] Uma perda de competitividade na Europa, como é de esperar para os próximos anos, não é um fracasso do capitalismo, mas simplesmente uma derrota rasteira na competição do mercado livre, porque uma evolução positiva paralela na Ásia, especialmente na China, já é previsível. A futura classificação das regiões mundiais será, portanto, também a China, EUA e Índia/UE.

crescer mais do que o tronco principal,[114] assumindo uma influência cada vez maior. As possibilidades de [115]intervenção estatal ou institucional parecem, portanto, ter atingido um limite ou a adaptação a um tempo dinâmico impulsionado pela mudança dos tempos[116] é

---

[114] Um exemplo seria o capitalismo comportamental já aqui mencionado cf. também

Herteux, Andreas. (2019). First Foundations of Behavioral Capitalism: A New Variety of Capitalism Gains Power and Influence. Zenodo. http://doi.org/10.5281/zenodo.3469568, ISBN 9783981900651

[115] Por exemplo, por bancos centrais ou instituições como a União Europeia.

[116] Uma mudança de tempos é entendida como um período temporal em que os seus elementos individuais se influenciam mutuamente de forma dinâmica, de tal forma que podem provocar uma reordenação do anterior (global) equilíbrio de poder.
Estes elementos são:
- Lidar com o progresso tecnológico (por exemplo, digitalização, capitalismo comportamental, estímulo ao homo, biotecnologia, IA, optimização humana),
- Ascensão de novos concorrentes nos mercados mundiais (por exemplo, países asiáticos),
- Fraqueza do mundo ocidental (por exemplo, devido à instabilidade, à diminuição da confiança nas encomendas existentes, à perda de competitividade ou devido à ascensão política da China),

simplesmente demasiado lenta, porque podem agir muito menos activamente do que a economia.

Alguns críticos podem agora, apesar da experiência geral com as realizações socialistas, insistir na abolição do sistema capitalista como solução, e no entanto isto é simplesmente uma ilusão com a ancoragem existente, que é apresentada em rondas de salão acolhedoras e conviviais, mas que aparentemente nunca poderá ser implementada com sucesso. Por um lado, por falta de alternativas realistas, por outro, porque a vasta gama de interesses nunca permitiria tal coisa. Mas isto não significa que não sejam necessárias e possíveis reformas pragmáticas. A [117]forma de combater os desenvolvimentos negativos

---

- Alterações das condições ambientais (por exemplo, devido a alterações climáticas, pandemias, exploração de recursos ou degradação ambiental),
- Falta de perspectivas para parte da humanidade (por exemplo, devido a sobrepopulação ou a necessidades básicas e de segurança não satisfeitas).

[117] Especialmente em tempos difíceis, que se caracterizam pela mudança dos tempos, que oscilam de crise em crise, a consciência e a receptividade para pensamentos de mudança, devem ser particularmente elevados.

do capitalismo não deve, portanto, ser vista em utopias irrealistas ou na esperança de um ponto zero, mas sim em vencer a economia de mercado livre com os seus próprios meios.

Porque não redireccionar a força elementar e o poder do capitalismo, como uma torrente em fúria? Porque não transformar a inundação destrutiva que leva tudo com ela numa água benéfica que fornece solo fértil? Nada menos que isso está em jogo na ideia de valorizar o capitalismo. Uma ideia que procura corrigir, controlar e redireccionar a livre iniciativa para benefício de todos.

Ideias básicas

O capitalismo do valor baseia-se na ideia de que os valores podem ocupar uma posição tal na vida económica que a actividade económica bem sucedida se torna significativamente mais difícil sem eles. Ou, mais simplesmente, os valores devem tornar-se um factor indispensável de produção. [118] Isto pode soar como uma utopia à primeira vista, mas as declarações serão tornadas mais precisas nas páginas seguintes. Deve-se notar desde já que o capitalismo de valor pode desenvolver-se sob várias formas na realidade, que também devem variar de acordo com a situação. É uma ideia pragmática e adaptável e não uma construção ideológica e rígida onde apenas uma forma pura poderia teoricamente funcionar.

Neste ponto, deve também ser feita uma distinção entre uma definição básica e uma definição alargada de capitalismo de valor. A primeira descreve os requisitos de uma economia de mercado baseada em valores. A segunda descreve a manifestação concreta, ou seja, uma forma como um tal sistema económico pode ser instalado na situação actual com os desafios actuais e futuros. Contudo, continua a ser fundamental para o leitor saber que outras implicações reais também seriam concebíveis.

---

[118] Rough: Um factor de produção é um elemento necessário para a produção de bens corpóreos ou incorpóreos.

Definição básica

> O capitalismo do valor [a economia de mercado do valor] é um sistema económico em que os valores se tornam um factor de produção.

Os valores complementam assim os factores de produção económica de trabalho, terra, capital e comportamento e representam uma base para uma actividade económica bem sucedida. Sem este factor de produção, a maximização do lucro torna-se mais difícil. É importante compreender que os valores neste modelo não são um factor estrangeiro imposto que não desempenharia um papel no quadro "normal" do capitalismo "natural", mas tornam-se uma parte elementar do processo de produção: [119]

---

[119] Portanto, não há estado ou outra intervenção externa, mas os valores tornam-se parte do ADN do capitalismo.

> **Valores - no sentido de valorizar o capitalismo - são direitos, normas e deveres definidos no sentido jurídico.**
>
> **São utilizadas normas objectivas, frequentemente trabalhadas ao longo de décadas, que podem ser formadas e alargadas através de um discurso constante.**

Por conseguinte, para as empresas, as normas estão a tornar-se mais importantes, como por exemplo:

- -Remuneração de alimentos
- -Co-determinação operacional
- -Condições de trabalho positivas
- -Direitos fundamentais dos trabalhadores
- -Sensibilização ambiental
- -Duidades de cuidados para o empregado
- -Obrigações de transparência

Por exemplo, valorizar o capitalismo deve encorajar os Estados a aderir aos seguintes valores e compromissos:

- Protecção dos direitos pessoais, como por exemplo:
  - direito à vida
  - direito à integridade física

- o Proibição da tortura
- Garantia de liberdades, como por exemplo:
  - o direito à liberdade
  - o direito de propriedade
  - o direito à segurança
  - o Liberdade de acção geral
  - o Nenhuma interferência do Estado na privacidade
  - o Liberdade de expressão
  - o Liberdade de pensamento, consciência e religião
  - o Liberdade para viajar
  - o Liberdade de reunião
  - o Liberdade de informação
  - o Participação democrática
  - o Autonomia dos dados
- Garantia dos direitos judiciais
- Protecção da natureza e dos meios de subsistência
- Assegurar uma infra-estrutura social, económica e societal

A lista não é exaustiva, e a inclusão de outras normas como a protecção ambiental também seria concebível.[120]Cada "valor" pode, portanto, ser claramente definido, rastreado e formulado legalmente como uma cláusula contratual. Este é também o requisito básico. A razão pela qual isto é relevante será mostrada a seguir.

Definição alargada

A definição alargada do capitalismo de valor, que inclui o capitalismo básico e ao mesmo tempo delineia as suas funções, deve ser levada a cabo da seguinte forma:

---

[120] O que permanece relevante, no entanto, é a "mensurabilidade". Os valores do zeitgeist ou tendências da moda não o são. Valorizar o capitalismo é o nível completamente errado para a sua aplicação, porque não é um meio de luta do meio, ou do vago, mas do concreto.

- O capitalismo do valor [a economia de mercado do valor] é um sistema económico em que os valores se tornam um factor de produção.

- É uma evolução e correcção do sistema capitalista e baseia-se na maximização da utilidade através de uma acção baseada no valor.

- Ele usa mecanismos de mercado.

- O objectivo é a paz global, liberdade e prosperidade.

- Transforma o capitalismo democratizando indústrias chave do futuro e depois adaptando-as à situação do mercado numa base de mercado e de valor.

- Não exerce coerção sobre os participantes no mercado, mas redirecciona o seu desejo de lucro e maximização da utilidade de tal forma que o óptimo desejado pode ser melhor abordado quando este se baseia em valores e para benefício de todos.

Esta descrição pode parecer abstracta à primeira vista, mas deve ser cristalizada mais claramente numa possível forma de implementação, que, no entanto, não reivindica a absolutização para si própria.

Aplicação prática

A introdução do capitalismo de valor é concebível de várias maneiras. Uma variante pragmática, adaptada às realidades, será aqui apresentada. Poderia controlar o capitalismo e orientá-lo em novas direcções, mas é apenas uma possibilidade **(função correctiva)**. Para isso é necessário, por um lado, criar um fundo de valor [121]**(guardião do valor)**, [122]através de Estados de ordem liberal-democrática, por outro lado, ocupar campos tecnológicos centrais com isto, ou seja, investir neles[123] e

---

[121] A ordem liberal-democrática é um pré-requisito básico para a participação. Como poderia valorizar o capitalismo também querer implementar valores de forma credível se os Estados participantes apresentam défices neste momento?

[122] Como exemplo de um tal fundo, deve ser feita referência ao fundo soberano norueguês.

[123] Aqui, uma pequena percentagem no intervalo de um dígito do PNB seria concebível.

deixar as consequências do novo poder de mercado irradiar para todas as outras áreas da vida económica **(função de fogo).** Mas o que é o guardião dos valores?

> **O fundo de valores (guardião de valores) é uma instituição democraticamente legitimada e politicamente independente, propriedade dos cidadãos, que por um lado tenta assumir um papel dominante no campo das indústrias tecnológicas chave e, por outro lado, esforça-se por implementar valores - no sentido do capitalismo de valores - através de construções contratuais.**
>
> **O depositário é também um participante regular do mercado e está sujeito às leis do mercado.**

Os campos a serem preenchidos são: [124]

- Tecnologia Moderna da Informação
- Robótica e máquinas CNC
- Sistemas aeroespaciais

---

[124] Observadores atentos verão aqui um paralelo - pouco surpreendente - ao "Made in China 2025" ou às estratégias das grandes empresas tecnológicas. Que outros campos devem também ser ocupados para poder exercer uma influência correspondente?

- Maritime sistemas de engenharia
  e navios de alta tecnologia
- Sistemas avançados de transporte ferroviário
- Carros economizadores de energia   e carros
  com tecnologia de condução   alternativa
- Energy Systems
- Maquinaria agrícola
- Materiais novos
- Biomedicina e dispositivos médicos

O depositário de valores, capitalizado pelos Estados participantes de orientação liberal-democrática, tenta agora ganhar fortes quotas nestes mercados e está activo no mercado (**função de mercado**).[125] Assim, o fundo, que

---

[125] Ao mesmo tempo, no seu núcleo, não age de forma diferente de uma grande empresa tecnológica. Aqui, por exemplo, vale a pena lembrar a Alphabet Inc, que é provavelmente mais conhecida do público em geral como Google. O próprio Google só foi fundado em 1997, mas ocupa agora quase uma posição dominante no mercado dos países ocidentais. Se isto puder ser conseguido por uma empresa privada "do nada" num prazo muito curto, quanto mais depressa, maior e mais forte seria uma instituição independente e democraticamente legitimada, que seria capitalizada muitas vezes pelos Estados?

está organizado como uma sociedade anónima, com os Estados membros detentores das acções não negociáveis e o conselho fiscal sendo democraticamente legitimado, faz investimentos [126]direccionados em recursos correspondentes **(função de investimento).**[127] Os [128]produtos de pesquisa e desenvolvimento tecnológico resultantes são oferecidos como licenças **(função de**

---

[126] O guardião dos valores tem legitimidade democrática, mas não é uma instituição estatal. Mesmo os membros do conselho fiscal não são idealmente determinados pelos Estados membros, mas eleitos pelos povos. O Conselho de Administração do Fundo actua, portanto, de uma forma empreendedora e independente. O guardião de valores é a partir do entendimento básico um grupo dinâmico, actua como tal e necessita na área estratégica e operacional um máximo de especialização, que obtém através do mercado.

[127] O guardião do valor actua aqui como uma empresa e também se esforça por uma forte cooperação com instituições estatais, tais como universidades.

[128] As tecnologias nos campos acima mencionados são resumidas sob este termo. No entanto, o desenvolvimento do produto concreto é então deixado ao mercado.

licenciamento).[129] Através destes contratos, os valores são implementados como factor de produção **(função de implementação)**, porque sem a aceitação da cláusula contratual correspondente, o licenciamento não é possível. As empresas ou mesmo os estados aceitarão, portanto, as cláusulas de valor por interesse próprio, pois caso contrário a maximização do lucro estaria em perigo. O guardião dos valores não impõe nada a nenhum Estado ou empresa, mas oferece novas oportunidades para maximizar os lucros. É portanto um sistema de incentivos que, ao criar um novo factor de produção, reduz em grande medida o capitalismo.

As empresas licenciadoras operam normalmente no mercado e, tal como o próprio fundo de valor, estão sujeitas à concorrência. Confiando em tecnologias e licenças modernas, têm uma vantagem competitiva sobre os que negam valor. No entanto, tende a ser improvável que exista tal permanente; as empresas continuarão a comportar-se de forma egoísta, isto é,

---

[129] Em última análise, uma prática empresarial como é comum. Apenas o licenciador é agora um licenciador diferente.

economicamente, e quererão trazer o máximo benefício para si próprias. Agora os factores de sucesso mudaram, porque agora a maximização do lucro é mais facilmente alcançada através da adesão a valores (por exemplo, condições de trabalho, salários, co-determinação).

Os valores tornam-se assim um factor de produção como o trabalho, a terra, o capital e o comportamento. Por conseguinte, as empresas irão adaptar-se voluntariamente. Não por razões morais, mas para cálculo. A ganância cria assim o bem. Não é por convicção que eles agem, mas por interesse próprio. As forças do mercado são assim conduzidas numa direcção positiva. A mão invisível da educação funciona, sem qualquer coerção e sem qualquer regimentação.

As nações devem ser vistas a uma luz análoga, porque existe agora um verdadeiro incentivo para lutar por reformas maciças na direcção de uma ordem **democrática** livre **(função de democratização),** porque de outra forma são concebíveis embargos a certas patentes tecnológicas. [130]

---

[130] Tais estados devem, evidentemente, ser aproximados de um estado a longo prazo, a fim de se tornarem eles próprios

Com este negócio, o depositário de valores, por sua vez, recolhe fundos, que reinveste por um lado e distribui aos países doadores, por outro **(função de financiamento).** Os lucros acumulados servem agora o público em geral e abrem múltiplas possibilidades de financiamento do sistema estatal. Muitos elementos que até agora falharam devido ao financiamento tornaram-se agora possíveis. [131]

---

participantes no guardião de valores. Abandoná-los significaria reforçar a influência dos Estados autoritários. No entanto, o capitalismo de valor não é um conceito ideológico mas sim pragmático e, portanto, dependendo do nível de desenvolvimento, haverá múltiplos programas para aproximar gradualmente o respectivo Estado.

[131] Praticamente tudo, desde questões de protecção ambiental até à salvaguarda do sistema social, pode ser listado aqui. O Estado Providência não só seria salvo, como até pode ser expandido. Contudo, a utilização dos fundos não é uma questão para o guardião dos valores, mas para os Estados. Na realidade, a acumulação de capital ocorre assim em parte nos cofres do público em geral e já não na esfera privada. O princípio capitalista fundamental não muda, mas será que tem de mudar se tiver sido desviado em conformidade?

O guardião dos valores é assim obrigado à máxima transparência e é democraticamente legitimado **(função de transparência e função de co-determinação)**.

Quanto é que tudo isto vai custar ao povo? Nada, porque o capitalismo de valor prático está orientado para os estados e empresas **(função de laissez-faire).** Não toca nem a cultura nem a identidade, não conhece qualquer coacção, não exige a abolição das nações ou retira possibilidades de co-determinação democrática. Em contraste com outras ideias, simplesmente não se concentra nas pessoas. [132]

Esta é, portanto, a ideia básica. No melhor dos casos, portanto, temos uma terra próspera e melhor em que reina a prosperidade, a liberdade e a paz. No pior dos casos, temos um contrapeso ao poder futuro dos sistemas autoritários, ao mesmo nível que ele. O poder sobre a tecnologia é retirado das mãos de corporações e

---

[132] Uma declaração que deve ser sublinhada várias vezes com este comentário: O homem não é um objecto de educação ou mesmo de manipulação do capitalismo de valor. Pelo contrário, começa com as forças do mercado.

autocracias e colocado nas do povo **(função protectora).** É democratizado, o capitalismo é contido.

Conclusão

A transformação do capitalismo com a ajuda dos valores do factor de produção para uma economia de mercado de valor poderia resolver problemas urgentes do sistema económico e além disso contribuir para a liberdade, prosperidade e paz. A implementação prática através de um guardião de valores pode ser discutida.

Valori Capitalismo

Un concetto pragmatico per ristrutturare l'economia globale a beneficio di tutte le persone

- Gli effetti negativi del capitalismo possono essere reindirizzati per il bene di tutti

- Questo diventa possibile attraverso l'implementazione dei valori come fattore di produzione

- Sta emergendo un capitalismo di valore [un'economia di mercato di valore].

- Questo può essere implementato praticamente tramite un guardiano di valori

1. Introduzione

Per molti anni, ci sono state varie considerazioni sullo sviluppo economico globale. Questo è plasmato da un sistema economico capitalista, le cui debolezze[133] sono spesso criticate, ma che da un lato per il suo solido radicamento[134], ma dall'altro anche per i suoi successi, sembra non avere alternative[135]. Tuttavia, molte piante

---

[133] Per esempio, l'accumulo di capitale e di potere, o contribuire all'emergere della disuguaglianza.

[134] Questo radicamento è occasionalmente ignorato dai critici del capitalismo, che invece suggeriscono che qualsiasi tentativo di "abolizione" - comunque propagandato - fallirebbe a causa di una piccola minoranza. Di fatto, però, il radicamento è molto più profondo di quanto si sostenga spesso, incontrerebbe una resistenza massiccia e non riesce nemmeno a trovare maggioranze, come si dimostra concretamente da un lato nei risultati elettorali, che riflettono più chiaramente la volontà popolare, ma anche nei sondaggi: https://de.statista.com/statistik/daten/studie/70793/umfrage/meinung-zum-kapitalismus-in-ausgewaehlten-laendern/ Ma questo a sua volta non significa, come mostra anche il sondaggio collegato, che non c'è volontà di riforma.

[135] Per esempio, le riforme del libero mercato in Cina dalla fine degli anni '70 hanno portato a un massiccio calo della povertà. Alla fine del 2020, gli ultimi distretti sono stati rimossi dalla lista di povertà nazionale. Anche se i rapporti dell'agenzia di stampa nazionale Xinhua dovrebbero essere trattati con

poco attraenti crescono dal seme del capitalismo, che tende anche a proliferare selvaggiamente. Indubbiamente, alcuni stati cercano di contrastare questo, per esempio indirizzando il capitalismo produttivo classico in canali più gestibili con l'aiuto di una legislazione appropriata, [136]ma questi mezzi sembrano già fallire nel caso del capitalismo finanziario, che è entrato nuovamente nella coscienza pubblica solo con la crisi[137] finanziaria, e non c'è ancora una ricetta per il capitalismo comportamentale

---

cautela, lo sviluppo economico del paese è inconfondibile nonostante tutto.
Quelle: http://www.xinhuanet.com/english/2020-11/24/c_139538338.htm

[136] Prodotti tipici di tali interventi sarebbero, per esempio, l'economia sociale di mercato, lo stato sociale in sé, ma anche lo "stato guardiano della notte" è già un atto necessario dell'azione statale.

[137] Questo si riferisce alla crisi bancaria e finanziaria come parte della crisi economica globale dal 2007 in poi e alle sue conseguenze. Fondamentalmente, le cause e le conseguenze non sono ancora state risolte, anche se l'attenzione dei media ha voltato le spalle alla questione.

sempre più forte[138]. Contrariamente a molte affermazioni, il capitalismo non sta - ancora - morendo, ma si sta spostando[139] e nuovi rami stanno superando il tronco principale,[140] assumendo un'influenza sempre maggiore.

---

[138] Il capitalismo comportamentale è una varietà di capitalismo in cui il comportamento umano diventa il fattore centrale nella produzione e fornitura di beni e servizi.
Definizione di:
Herteux, Andreas. (2020). Grundlagen gesellschaftlicher Entwicklungen im 21. Jahrhundert - Neue Erklärungsansätze zum Verständnis eines komplexen Zeitalters, Erich von Werner Verlag, Karbach, 4. Auflage, DOI 10.5281/zenodo.3932355, ISBN 978-3-948621-16-2 A questo punto bisogna anche sottolineare che il capitalismo comportamentale ha ancora una volta chiaramente guadagnato potere durante la pandemia di Corona, cioè i grandi capitalisti comportamentali sono beneficiari diretti della crisi. Tuttavia, il Covid-19 non è la causa di questo, ma è sicuramente un acceleratore.

[139] Una perdita di competitività in Europa, come è prevedibile per i prossimi anni, non è un fallimento del capitalismo, ma semplicemente una sconfitta strisciante della concorrenza del libero mercato, perché uno sviluppo positivo parallelo in Asia, specialmente in Cina, è già prevedibile. La futura classifica delle regioni del mondo sarà quindi anche Cina, USA e India/UE.

[140] Un esempio potrebbe essere il capitalismo comportamentale già menzionato qui, cfr. anche

Le possibilità di intervento statale o istituzionale[141] sembrano quindi o aver raggiunto un limite o l'adattamento a
un tempo dinamico guidato dal cambiamento dei
tempi[142] è semplicemente troppo lento, perché possono
agire molto meno attivamente dell'economia.

Herteux, Andreas. (2019). First Foundations of Behavioral Capitalism: A New Variety of Capitalism Gains Power and Influence. Zenodo. http://doi.org/10.5281/zenodo.3469568, ISBN 9783981900651

[141] Ad esempio da parte delle banche centrali o di istituzioni come l'Unione Europea.

[142] Un cambiamento di tempi è inteso come un periodo temporale in cui i suoi singoli elementi si influenzano dinamicamente a vicenda in modo tale da portare a un riordino del precedente equilibrio di potere (globale). Questi elementi sono:

- Affrontare il progresso tecnologico (per esempio la digitalizzazione, il capitalismo comportamentale, l'homo stimulus, la biotecnologia, l'IA, l'ottimizzazione umana),
- Ascesa di nuovi concorrenti sui mercati mondiali (per esempio i paesi asiatici),
- Debolezza del mondo occidentale (per esempio a causa di instabilità, diminuzione della fiducia negli ordini esistenti, perdita di competitività o a causa dell'ascesa politica della Cina),
- Cambiamenti nelle condizioni ambientali (per esempio a causa di cambiamenti climatici,

Alcuni critici possono ora, nonostante l'esperienza generale con le realizzazioni socialiste, insistere sull'abolizione del sistema capitalista come soluzione, e tuttavia questa è semplicemente un'illusione con l'ancoraggio esistente, che viene presentato in accoglienti e conviviali giri di salotto, ma apparentemente non potrà mai essere attuato con successo. Da un lato, per mancanza di alternative realistiche, dall'altro, perché la vasta gamma di interessi non permetterebbe mai una cosa del genere. Ma questo non significa che le riforme pragmatiche non siano necessarie e possibili. Il [143]modo di combattere gli sviluppi negativi del capitalismo non è quindi da vedere in utopie irrealistiche o nella speranza di un punto zero,

----

    pandemie, sfruttamento delle risorse o degrado ambientale),
- Mancanza di prospettive per una parte dell'umanità (per esempio a causa della sovrappopolazione o di bisogni fondamentali e di sicurezza non soddisfatti).

[143] Soprattutto in tempi difficili, che sono caratterizzati dal cambiamento dei tempi, che sbandano di crisi in crisi, la consapevolezza e la ricettività per i pensieri di cambiamento, dovrebbe essere particolarmente alta.

ma nel battere l'economia del libero mercato con i suoi stessi mezzi.

Perché non reindirizzare la forza elementare e il potere del capitalismo, come un torrente impetuoso? Perché non trasformare il diluvio distruttivo che porta via tutto con sé in un'acqua benefica che fornisce terreno fertile? Niente di meno è in gioco nell'idea del capitalismo dei valori. Un'idea che cerca di correggere, di rinforzare e di reindirizzare la libera impresa a beneficio di tutti.

Idee di base

Il capitalismo dei valori si basa sull'idea che i valori possono occupare una posizione tale nella vita economica che un'attività economica di successo è resa molto più difficile senza di essi. O, per dirla più semplicemente, i valori dovrebbero diventare un fattore di produzione indispensabile. [144]Questo può sembrare un'utopia a prima vista, ma le affermazioni saranno rese più precise nelle pagine seguenti. Bisogna notare subito che il capitalismo

---

[144] Rough: Un fattore di produzione è un elemento necessario per la produzione di beni materiali o immateriali.

di valore potrebbe svilupparsi in varie forme nella realtà, che devono anche variare a seconda della situazione. È un'idea pragmatica e adattabile e non un costrutto ideologico e rigido dove solo una forma pura potrebbe teoricamente funzionare.

A questo punto, bisogna anche fare una distinzione tra una definizione di base e una estesa del capitalismo di valore. Il primo descrive i requisiti di un'economia di mercato basata sul valore. Il secondo descrive la manifestazione concreta, cioè un modo in cui un tale sistema economico può essere installato nella situazione attuale con le sfide attuali e future. Tuttavia, rimane fondamentale per il lettore sapere che sarebbero concepibili anche altre implicazioni reali.

Definizione di base

> **Il capitalismo dei valori [l'economia di mercato dei valori] è un sistema economico in cui i valori diventano un fattore di produzione.**

I valori completano così i fattori di produzione economica del lavoro, della terra, del capitale e del comportamento e rappresentano una base per un'attività economica di successo. Senza questo fattore di produzione, la massimizzazione del profitto diventa più difficile. È importante capire che i valori in questo modello non sono un fattore estraneo imposto che non avrebbe un ruolo nel quadro "normale" del capitalismo "naturale", ma diventano una parte elementare del processo di produzione: [145]

> **I valori - nel senso del capitalismo dei valori - sono diritti, norme e doveri definiti in senso giuridico.**
>
> **Si utilizzano norme oggettive, spesso elaborate nel corso di decenni, che possono essere formate ed estese attraverso un discorso costante.**

Per le aziende, quindi, si stanno mettendo a fuoco norme come:

- Esatta retribuzione

---

[145] Quindi, non c'è nessun intervento statale o esterno, ma i valori diventano parte del DNA del capitalismo.

- Co-determinazione operativa
- Condizioni di lavoro positive
- Diritti fondamentali dei lavoratori
- Consapevolezza ambientale
- Compiti di cura per il dipendente
- Obblighi di trasparenza

Per esempio, il capitalismo dei valori dovrebbe incoraggiare gli Stati ad aderire ai seguenti valori e impegni:

- Protezione dei diritti personali, come:
  - diritto alla vita
  - diritto all'integrità fisica
  - Divieto di tortura
- Garanzia di libertà, come:
  - diritto alla libertà
  - diritto di proprietà
  - diritto alla sicurezza
  - Libertà d'azione generale
  - Nessuna interferenza dello Stato nella privacy
  - Libertà di parola

- o Libertà di pensiero, coscienza e religione
  - o Libertà di viaggiare
  - o Libertà di riunione
  - o Libertà d'informazione
  - o Partecipazione democratica
  - o Autonomia dei dati
- Garantire i diritti giudiziari
- Protezione della natura e dei mezzi di sussistenza
- Garantire un'infrastruttura sociale, economica e societaria

L'elenco non è esaustivo, e l'inclusione di altri standard come la protezione dell'ambiente sarebbe anche concepibile.[146]Ogni "valore" può quindi essere chiaramente definito, tracciato e formulato giuridicamente come una clausola contrattuale. Questo è

---

[146] Ciò che rimane rilevante, tuttavia, è la "misurabilità". I valori dello zeitgeist o le tendenze della moda non lo sono. Il capitalismo di valore è il livello completamente sbagliato per la loro applicazione, perché non è un mezzo della lotta di ambiente, o del vago, ma del concreto.

anche il requisito di base. Il motivo per cui questo è rilevante sarà mostrato di seguito.

Definizione estesa

La definizione estesa del capitalismo del valore, che include quella di base e allo stesso tempo ne delinea le funzioni, si svolge come segue:

- Il capitalismo dei valori [l'economia di mercato dei valori] è un sistema economico in cui i valori diventano un fattore di produzione.

- È un'evoluzione e un correttivo del sistema capitalista e si basa sulla massimizzazione dell'utilità attraverso un'azione basata sul valore.

- Usa i meccanismi del mercato.

- L'obiettivo è la pace globale, la libertà e la prosperità.

- Trasforma il capitalismo democratizzando le industrie chiave del futuro e poi adattandole alla situazione del mercato su una base di valore basata sul mercato.

- Non esercita coercizione sui partecipanti al mercato, ma reindirizza il loro desiderio di massimizzazione del profitto e dell'utilità in modo tale che l'optimum desiderato possa essere meglio raggiunto quando questo è basato sul valore e a beneficio di tutti.

Questa descrizione può sembrare astratta a prima vista, ma deve essere cristallizzata più chiaramente in una possibile forma di attuazione, che, tuttavia, non pretende l'assolutezza per sé.

Attuazione pratica

L'introduzione del capitalismo di valore è concepibile in vari modi. Una variante pragmatica, adattata alle realtà, sarà presentata qui. Potrebbe frenare il capitalismo e indirizzarlo in nuove direzioni, ma è solo una possibilità **(funzione correttiva).** Per questo è necessario da un lato istituire un fondo di valore[147] **(guardiano del valore)**, [148]attraverso gli stati di ordine liberal-democratico, dall'altro occupare con questo campi tecnologici centrali, cioè [149]investire in questi e lasciare che le conseguenze del

---

[147] L'ordine liberal-democratico è un prerequisito fondamentale per la partecipazione. Come potrebbe il capitalismo dei valori voler implementare i valori in modo credibile se gli stati partecipanti mostrano dei deficit a questo punto?

[148] Come esempio di un tale fondo, si dovrebbe fare riferimento al fondo sovrano norvegese.

[149] Una piccola percentuale nella gamma a una cifra del PNL sarebbe concepibile qui.

nuovo potere di mercato si irradiano in tutti gli altri settori della vita economica **(funzione di fuoco).** Ma cos'è il guardiano dei valori?

Il fondo di valore (value guardian) è un'istituzione democraticamente legittimata, politicamente indipendente e di proprietà dei cittadini, che da un lato cerca di assumere un ruolo dominante nel campo delle industrie tecnologiche chiave e dall'altro cerca di implementare i valori - nel senso del capitalismo di valore - attraverso costrutti contrattuali.

Il depositario è anche un partecipante regolare del mercato ed è soggetto alle leggi del mercato.

I campi da riempire sono: [150]

- Tecnologia dell'informazione moderna
- Robotica e macchine CNC
- Sistemi aerospaziali
- Sistemi di ingegneria marittima

---

[150] Gli osservatori attenti vedranno qui un parallelo - difficilmente sorprendente - al "Made in China 2025" o alle strategie delle grandi aziende tecnologiche. Quali altri campi dovrebbero essere occupati per poter esercitare un'influenza corrispondente?

e navi ad alta tecnologia

- Sistemi avanzati di trasporto ferroviario
- Auto a risparmio energetico   e   auto   con tecnologia di guida   alternativa
- Sistemi energetici
- Macchina agricola
- Nuovi materiali
- Biomedicina e dispositivi medici

Il custode dei valori, capitalizzato dagli stati partecipanti di orientamento liberal-democratico, cerca ora di guadagnare quote forti in questi mercati ed è attivo sul mercato **(funzione di mercato)**.[151] Di conseguenza, il fondo, che è organizzato come una società per azioni, con

---

[151] Allo stesso tempo, nel suo nucleo, non agisce diversamente da una grande azienda tecnologica. Qui, per esempio, vale la pena ricordare Alphabet Inc, che è probabilmente più nota al grande pubblico come Google. Google stesso è stato fondato solo nel 1997, ma ora occupa quasi una posizione dominante sul mercato nei paesi occidentali. Se questo può essere realizzato da un'impresa privata "dal nulla" in pochissimo tempo, quanto più veloce, più grande e più forte sarebbe un'istituzione indipendente e legittimata democraticamente, che verrebbe capitalizzata molte volte dagli Stati?

gli stati membri che detengono le azioni non negoziabili e il consiglio di sorveglianza legittimato democraticamente, fa investimenti [152]mirati in risorse corrispondenti **(funzione di investimento).**[153] I [154]prodotti di ricerca e sviluppo tecnologico risultanti sono offerti come licenze **(funzione di licenza).**[155] Attraverso questi contratti, i valori sono implementati come un fattore di produzione **(funzione di**

---

[152] Il guardiano dei valori ha legittimità democratica, ma non è un'istituzione statale. Anche i membri del consiglio di sorveglianza non sono idealmente determinati dagli stati membri, ma eletti dai popoli. Il Consiglio del Fondo agisce quindi in modo imprenditoriale e indipendente. Il guardiano dei valori è dalla comprensione di base un gruppo dinamico, agisce come tale e ha bisogno nell'area strategica e operativa di un massimo di competenza, che ottiene attraverso il mercato.

[153] Il guardiano del valore agisce qui come un'azienda e si sforza anche di cooperare fortemente con le istituzioni statali come le università.

[154] Le tecnologie nei campi summenzionati sono riassunte sotto questo termine. Tuttavia, lo sviluppo concreto del prodotto è poi lasciato al mercato.

[155] In definitiva, una pratica commerciale come è comune. Solo che il licenziante è ora un altro.

implementazione), perché senza l'accettazione della clausola contrattuale corrispondente, la licenza non è possibile. Le aziende o anche gli stati accetteranno quindi le clausole di valore per interesse personale, perché altrimenti la massimizzazione del profitto sarebbe messa in pericolo.

Il guardiano dei valori quindi non impone nulla a nessuno stato o azienda, ma offre nuove opportunità per massimizzare i profitti. Si tratta quindi di un sistema di incentivi che, creando un nuovo fattore di produzione, frena in larga misura il capitalismo.

Le società di licenza operano normalmente sul mercato e, come il fondo di valore stesso, sono soggette alla concorrenza. Facendo affidamento su tecnologie e licenze moderne, hanno un vantaggio competitivo sui negatori di valore. Tuttavia, tende ad essere improbabile che ci sia un tale permanente; le aziende continueranno a comportarsi egoisticamente, cioè economicamente, e vorranno ottenere il massimo beneficio per se stesse. Ora i fattori di successo sono cambiati, perché ora la massimizzazione del profitto si ottiene più facilmente aderendo ai valori (ad esempio le condizioni di lavoro, i salari, la co-determinazione).

I valori diventano così un fattore di produzione come il lavoro, la terra, il capitale e il comportamento. Pertanto, le aziende si adatteranno volontariamente. Non per ragioni morali, ma per calcolo. L'avidità crea così il bene. Non è per convinzione che agiscono, ma per interesse personale. Le forze del mercato vengono così indirizzate in una direzione positiva. La mano invisibile dell'educazione funziona, senza alcuna coercizione e senza alcuna irregimentazione.

Le nazioni dovrebbero essere viste in una luce analoga, perché ora c'è un vero incentivo a sforzarsi per riforme massicce in direzione di un ordine **democratico** libero **(funzione di democratizzazione),** perché altrimenti sono concepibili embarghi su certi brevetti tecnologici. [156]

---

[156] Tali stati sono, ovviamente, da avvicinare a lungo termine a uno stato, per diventare essi stessi partecipanti al custode dei valori. Abbandonarli significherebbe rafforzare l'influenza degli stati autoritari. Tuttavia, il capitalismo dei valori non è un concetto ideologico ma pragmatico e quindi, a seconda del livello di sviluppo, ci saranno molteplici programmi per avvicinare gradualmente il rispettivo stato.

Con questa attività, il depositario di valori raccoglie a sua volta fondi, che reinveste da un lato e distribuisce ai paesi donatori dall'altro **(funzione di finanziamento).** I profitti accumulati servono ora al pubblico e aprono molteplici possibilità di finanziamento del sistema statale. Molti elementi che finora hanno fallito a causa del finanziamento ora diventano possibili. [157]

Il guardiano dei valori è così obbligato alla massima trasparenza ed è legittimato democraticamente **(funzione di trasparenza e funzione di codeterminazione).**

Quanto costerà al popolo l'intera faccenda? Niente, perché il capitalismo di valore pratico è orientato verso gli stati e le imprese **(funzione del laissez-faire).** Non tocca né la cultura né l'identità, non conosce coercizione,

---

[157] Praticamente tutto, dalle questioni di protezione ambientale alla salvaguardia del sistema sociale, può essere elencato qui. Lo stato sociale non solo sarebbe salvato, ma potrebbe addirittura essere ampliato. Tuttavia, l'uso dei fondi non è una questione che riguarda il guardiano dei valori, ma gli stati. Di fatto, l'accumulazione del capitale avviene così in parte nelle casse della collettività e non più nella sfera privata. Il principio fondamentale del capitalismo non cambia, ma deve farlo se è stato deviato di conseguenza?

non esige l'abolizione delle nazioni né toglie possibilità di co-determinazione democratica. A differenza di altre idee, semplicemente non si concentra sulle persone. [158] Questa, dunque, è l'idea di base. Nel migliore dei casi, quindi, abbiamo una terra prospera e migliore in cui regnano prosperità, libertà e pace. Nel peggiore dei casi, abbiamo un contrappeso al futuro potere dei sistemi autoritari, alla pari con esso. Il potere sulla tecnologia viene tolto dalle mani delle corporazioni e delle autocrazie e messo in quelle del popolo **(funzione protettiva)**. È democratizzato, il capitalismo è frenato.

Conclusione

La trasformazione del capitalismo con l'aiuto dei valori dei fattori di produzione in un'economia di mercato dei valori potrebbe risolvere i problemi urgenti del sistema economico e inoltre contribuire alla libertà, alla

---

[158] Un'affermazione che dovrebbe essere sottolineata più volte con questo commento: L'uomo non è un oggetto di educazione e nemmeno di manipolazione nel capitalismo dei valori. Piuttosto, inizia con le forze del mercato.

prosperità e alla pace. L'implementazione pratica attraverso un guardiano di valori può essere discussa.

Bibliography

- *Herteux, A. (2021, April 17). Value Capitalism - A pragmatic concept for restructuring the global economy for the benefit of all people (Version 1.0). Zenodo. 10.5281/zenodo.4698460*

- *Herteux, A. (2019). First Foundations of Behavioral Capitalism: A New Variety of Capitalism Gains Power and Influence Erich von Werner Verlag, ISBN-13: 978-3981900675, DOI 10.5281/zenodo.3469568*

- *Herteux, A. (2020). Grundlagen gesellschaftlicher Entwicklungen im 21. Jahrhundert - Neue Erklärungsansätze zum Verständnis eines komplexen Zeitalters, Erich von Werner Verlag, Karbach, 4. Auflage, DOI 10.5281/zenodo.3932355, ISBN 978-3-948621-16-2*

- *Herteux, A. (2021). Wertekapitalismus - Ein Konzept zur Weiterentwicklung des globalen ökonomischen Systems (Version 1.0). Zenodo. http://doi.org/10.5281/zenodo.4679784*

- *Herteux, A. (2019). Behavioral Capitalism – A New Variety of Capitalism Gains Power and Influence.*

Journal of Applied Business and Economics, 21(9). https://doi.org/10.33423/jabe.v21i9.2688

- *Herteux, A. (2020). Value Capitalism: How to manage the consequences of the Corona crisis and how to build a crisis-proof world order. http://doi.org/10.5281/zenodo.3743048*

- *Herteux, Andreas. (2020). Fighting the causes of flight with the help of Value Capitalism - The Model of Alternative Hegemony (AH model) in practical application. http://doi.org/10.5281/zenodo.3626216*

- *Herteux, A. (2020, June). SOCIETY IN THE 21st CENTURY: THE THEORY OF THE AGE OF COLLECTIVE INDIVIDUALISM. Int. j. of Social Science and Economic Research, 5(6), 1466-1475. Retrieved from ijsser.org/more2020.php?id=102*

- *Herteux, A. (2020). Homo stimulus: Fundamentals of Human Adaptation and Development in the Age of Collective Individualism. Erich von Werner Verlag, ISBN 978-3948621131, DOI 10.5281/zenodo.3675389*

- *Herteux, A. (2018) The Alternative Hegemony Model (AH Model): The "invisible hand" of nurture for the better. Erich von Werner Verlag, ISBN-13: 978-3981900613, DOI 10.5281/zenodo.1894462*

- *Herteux, A. (2019). Primeros fundamentos del capitalismo conductual - Un inventario de una nueva variedad de capitalismo Erich von Werner Verlag, 24.10.2019, ISBN-13: 978-3-948621-00-1, DOI 10.5281/zenodo.3517839*

- *Herteux, A. (2019). Primeiras Fundações do Capitalismo Comportamental - Um inventário de uma nova varied-ade de capitalismoe Erich von Werner Verlag, 24.10.2019, ISBN-13: 978-3-948621-01-8, DOI: 10.5281/zenodo.3517837*

- *Herteux, A. (2019). Первые основы поведенческого капитализма: Инвентаризация нового разнообразия капитализма Erich von Werner Verlag, 24.10.2019, DOI 10.5281/zenodo.3517841*

- *Herteux, A. (2019). Le prime basi del capitalismo comportamentale - Inventario di una nuova varietà di capitalismo Erich von Werner Verlag, 24.10.2019, ISBN-13: 978-3-948621-02-5, DOI 10.5281/zenodo.3517835*

- *Herteux, A. (2019). Premiers fondements du capitalisme comportemental: Un inventaire d'une nouvelle variété de capitalisme Erich von Werner Verlag, 24.10.2019, ISBN-13: 978-3-9819006-8-2, DOI 10.5281/zenodo.3517802*

- *Herteux, A. (2019). Pierwsze fundamenty kapitalizmu behawioralnego - Inwentaryzacja nowej odmiany kapitalizmu Erich von Werner Verlag, 29.10.2019, ISBN-13: 978-3-948621-05-6, DOI 10.5281/zenodo.3521294*

- *Herteux, A. (2019). De eerste stichtingen van het gedragskapitalisme - Een inventaris van een nieuwe variëteit van het kapitalisme Erich von Werner Verlag, 29.10.2019, ISBN-13: 978-3-948621-03-2, DOI 10.5281/zenodo.3521230*

Verlag

Erich von Werner Verlag

Birkenfelder Straße 3

D-97842 Karbach

Homepage:

https://www.erichvonwerner-
verlag.de/

E-Mail:

Info@erichvonwernerverlag.de

<u>**Mitherausgeber**</u>

Erich von Werner Gesellschaft

Birkenfelder Straße 3

D-97842 Karbach

<u>Homepage:</u>

https://www.understandandchange.com

<u>E-Mail:</u>

erichvonwernersociety@understandandchange.com

Andreas Herteux

Andreas Herteux ist ein deutscher Wirtschaftswissenschaftler, Sozialforscher, Philosoph, Publizist, Schriftsteller und Gründer der Erich von Werner Gesellschaft. Seine Bücher wurden in zehn Sprachen übersetzt.